国家出版基金项目
NATIONAL PUBLICATION FOUNDATION
“十三五”国家重点出版物出版规划项目
新汉译世界高等教育名著丛书（第一辑）
丛书总主编　李子江　张斌贤

大学教育

【美】亨利·菲利普·塔潘（Henry Philip Tappan）著
赵卫平　译　李子江　张斌贤　校

浙江教育出版社·杭州

总序

20世纪90年代，浙江教育出版社出版了由王承绪先生主编的“汉译世界高等教育名著丛书”，在学术界产生了重要影响，丛书所收录的著作至今依然是高等教育学等相关学科学习和研究必备的学术文献。本世纪以来，多家出版社相继推出了多种高等教育著作译丛，例如“京师高等教育译丛”（北京师范大学出版社）、“国际高等教育译丛”（中国海洋大学出版社）、“世界高等教育研究名著译丛”（教育科学出版社）、“美国研究型大学探索译丛”（河北大学出版社）、“高等教育与全球化丛书”和“北大高等教育文库·大学之道丛书”（北京大学出版社）等。一些教育著作译丛虽然并非以高等教育为主要内容，但也包含了部分高等教育的译著，例如“影响力教育理论译丛”（华东师范大学出版社）、“非洲教育译丛”（浙江大学出版社）等。

国外高等教育著作的译介不仅满足了我国高等教育决策者、管理者以及公众了解其他国家和地区高等教育发展历史与现状的需要，而且有力促进了我国学者对高等教育的研究。只要将20世纪90年代高等教育研究状况与当下进行粗略对照，就可以清楚地看到我国20多年来高等教育研究的长足发展。这其中固然有诸多原因，但不可否认的是，广泛和充分吸收其他国家高等教育研究成果是一个非常关键的因素。同样不可否认的是，大量高等教育译著在其中发挥了不可替代的重要作用。

众所周知，中国现代高等教育机构和高等教育制度的建立是西学东渐的产物，迄今已逾百年。但是，由于种种原因，我国高等教育真正稳定发展的时间不过数十年。对于高等教育这样复杂的事业而言，几十年的经历实在是过于短暂了，而基于这些有限经验形成的认识则更具局限性。在当代社会急速变革的条件下，高等教育发展及其与社会的关系日趋复杂，如何合理认识高等教育的内在本质与职能，如何科学把握高等教育发展的方向，如何妥善处理高等教育内外部各种关系，更需要非同寻常的智慧、远见和胆识。而要拥有这一切，学习借鉴其他国家的实践经验，尤其是主导这些实践的思想观念，是必不可少的重要环节。

从更大的方面说，高等教育机构自建立之日起，就与文化传播、交流结下了“不解之缘”。不同文化教育之间的交流、相互影响始终是推动高等教育发展的重要动力。古希腊的学园对古代东方高等教育机构的借鉴，古罗马对希腊文明的吸纳，文艺复兴后欧洲各国在学术研究等方面的相互影响，尤其是近代以来，文化、学术、教育的交流在促进不同国家高等教育改革发展中的作用日益广泛、显著和重要。在一定意义上，一段高等教育的历史，同时也是不同文化、学术交流不断开展、推进和深化的历史。作为文化教育交流的重要途径，译著始终是这段历史的重要组成部分。

为适应我国高等教育改革发展的新形势，进一步丰富我国的高等教育研究，浙江教育出版社决定在已有基础上继续推进国外高等教育名著的译介，出版“新汉译世界高等教育名著丛书”。

丛书将按专题分辑出版。

丛书第一辑收录美国十二位著名大学校长的主要教育著作。他们是：哈佛大学校长埃利奥特（1869—1909年，任职期间，下同）和洛厄尔（1909—1933）、耶鲁大学校长波特（1871—1886）、密歇根大学校长塔潘（1852—1863）、霍普金斯大学校长吉尔曼（1875—1902）、哥伦比亚大学校长巴纳德（1864—1889）和巴特勒（1902—1945）、布朗大学校长威兰德（1826—1855）、芝加哥大学校长哈珀（1891—1906）、斯坦福大学校长乔丹（1891—1913）、克拉克大学校长霍尔（1888—1920）、纽约大学校长布朗（1911—1932，1906—1911年曾任美国联邦教育署署长）。

19世纪后期至20世纪前期是美国高等教育发展的关键时期。在这个时期，美国高等教育实现了从传统学院向现代大学的转变，完成了以学术职业化为核心的“学术革命”，建立了较为完整的高等教育制度，从而开创了“美国教育史的新纪元”。①

在这个前所未有的重大变革过程中，一个非常独特的现象是，在一个不太长的时期内集中出现了一批著名的大学校长。他们之所以著名，并非仅仅因为他们任职于著名的大学（事实上，在那个时期，至少与欧洲的古老大学相比，美国大学大多并不“著名”），而在于他们高瞻远瞩、审时度势，在于他们富有管理智慧和教育素养，更为重要的是在于他们有着高尚的人格、坚定的信念和远大的志向。正是在这些校长的努力下，哈佛大学等原本较为知名的大学“旧邦新命”，焕然一新；一些原本不知名的大学从平庸走向卓越，成为世界著名学府，美国由此开始成为世

① 劳伦斯·维塞. 美国现代大学的崛起[M]. 栾鸾，译. 北京：北京大学出版社，2011：1.

界高等教育强国。罗杰·盖格称这些校长为“巨人校长”，他们开创了美国高等教育史上独一无二的“巨人校长时代”。[①]

迄今为止，除克拉克·科尔、德雷克·博克等少数几位美国著名大学校长的著作之外，国内尚未有对美国大学校长著作的系统译介。“新汉译世界高等教育名著丛书”第一辑收录的这十二位校长的著作集中反映了他们关于高等教育的理解，以及他们的办学理念和管理经验。他们的思想和实践业已成为世界高等教育宝贵的精神财富。系统译介这些著名大学校长的教育著作，呈现优秀大学领导者的理念和实践，有助于了解这些校长的教育思想和治校方略，探讨高等教育发展的内在机制与社会保障机制，为我国高等教育的发展提供经验借鉴。我们相信，本丛书的出版将进一步深化我们对高等教育的认识，帮助我们不断学习借鉴世界一流大学的创建、改革实践经验，为推进我国建设世界一流大学的战略提供历史经验和启示。

在丛书第一辑即将付梓之际，我们由衷地感谢浙江教育出版社的大力支持。正是他们的远见卓识和专注于学术著作出版事业的坚定信念，才会有越来越多的学术经典问世。在现行科研评价体制下，学术著作的翻译得不到应有重视，从事翻译主要是出于译者对学术事业的热爱和追求，我们对参与丛书翻译、校对工作的各位同仁表示崇高的敬意。

李子江　张斌贤

2019年12月

---

① 约翰·塞林. 美国高等教育史（第二版）[M]. 孙益，等，译. 北京：北京大学出版社，2014：120.

译者序言

一、塔潘的生平

亨利·菲利普·塔潘（Henry Philip Tappan，1805—1881），美国高等教育改革家和哲学家，早先曾从事宗教活动，担任过新派长老会的牧师等职。他于1805年4月18日出生于纽约莱茵贝克（Rhinebeck）村的一个贵族家庭，在兄弟姐妹中排行第七。他的父亲有普鲁士人的血统，母亲有荷兰人的血统。塔潘从小受到良好的人文科学教育，曾在纽约的新教“长老会和公理会”联合学院（Union College）学习，和弗朗西斯·卫兰德[①]一样，是联合学院院长伊利法勒特·诺特（Eliphalet Nott）的得意门生。1825年毕业之后他又在奥本神学院（Auburn Theological Seminary）学习，并于1827年毕业。

塔潘先在位于纽约斯克内克塔迪（Schenectady）的荷兰人办的基督教新教教会担任助理牧师，后来又在位于马萨诸塞州皮茨菲尔德（Pittsfield）的基督教公理会（Congregational Church）担

① 弗朗西斯·卫兰德（Francis Wayland），曾任美国布朗大学（Brown University）校长。

任牧师。塔潘于1828年3月7日和朱莉娅·利文斯顿（Julia Livingston）结婚，育有一儿一女。几年后，塔潘因病辞去牧师的工作，去拉丁美洲的西印度群岛（West Indies）休养，后身体慢慢得以恢复。1832年，塔潘进入纽约市大学（University of the City of New York，即后来的纽约大学，NYU）担任哲学教授，直至1838年。离开纽约市大学后，塔潘的新工作是管理一所规模不大的私立女校。

他于1845年获得联合学院授予的神学博士学位，于1854年获得哥伦比亚学院（Columbia College）授予的法学博士学位。

塔潘于1851年夏季出访欧洲，曾在普鲁士等地的一些大学学习，并先后考察了英国、荷兰、法国和瑞士等国的大学，对欧洲的大学重视学术研究和研究生教育印象深刻，后来他的大学教育思想直接受到德国等欧洲国家的影响。塔潘在法国期间曾专门去见了维克多·库森（Victor Cousin，1792—1867）教授，后者是著名的哲学家，曾于1831年受法国政府委派去普鲁士考察教育，回国后写了《普鲁士教育报告》，该报告给塔潘留下了深刻的印象。

密歇根大学（University of Michigan）于1817年在密歇根州底特律市的乡郊创建。1837年，安阿伯（Ann Arbor）的一家土地公司提供了40英亩土地作为该大学的校园用地，因此该大学迁至安阿伯。有的学者把该大学1817至1837年这段时期称为“前传统学院时期”，“因为密歇根大学在这段时期虽然名为大学，但实际上开展的仅仅是小学和中学层次的教学工作，迁到安阿伯后才开始进行传统学院层次的教学工作”[①]。1852年，经过

① 崔高鹏.美国州立大学董事会权力的变迁[M].杭州：浙江教育出版社，2015：34.

选民选举，产生了密歇根大学新一届董事会（Board of Regents of the University of Michigan），由8位成员组成（而以前的董事会是有关领导或部门任命的）。经历史学家乔治·班克罗夫特（George Bancroft）等人的引荐，1852年8月12日，密歇根大学董事会经过投票表决（当时董事会的表决结果是5∶3，5人选举塔潘，另外3人选举他人），最终决定聘任塔潘为该大学改组后的首任校长（以前该大学曾长期由董事会管理）。塔潘收到校长的聘任书后于同年9月下旬访问了该大学，之后答复该校董事会，接受了聘任。当年10月，塔潘一家人去了安阿伯，12月22日正式就任密歇根大学校长，并发表了就职演讲（该演讲反映了塔潘所秉持的德国大学的教育理念）。塔潘曾经说："在经过仔细思考后，我决定接受这一职位。我做出这一决定最主要的原因是该职位能够体现并实际发展我长期珍爱的教育思想，尤其是大学教育思想。"①从1837年开始到1852年塔潘离任，有的学者把这一时期称为"传统学院时期"。塔潘的到任，使得密歇根大学进入了从传统学院向现代大学转型的起步时期。②康奈尔大学（Cornell Uiversiey）首任校长安德鲁·迪克森·怀特（Andrew Dickson White，1832—1918）曾经指出，"密歇根大学是美国高校中首先开始从传统教派学院向现代大学转型的大学"③。

塔潘在担任密歇根大学校长后，积极向密歇根州的社会各界募集资金用于大学的发展。首先，他在就任校长时就建议底特律

① Shaw W. B. *The University of Michigan: An Encyclopedic Survey*, Vol.1 [M]. Ann Arbor: University of Michigan Press, 1942: 39.

② 崔高鹏. 美国州立大学董事会权力的变迁[M]. 杭州：浙江教育出版社，2015：79.

③ Shaw W. B. *The University of Michigan* [M]. New York: Harcourt, Brace and Howe, 1920: .50.

人为密歇根大学建设一座天文台，还向底特律人就捐建天文台一事发表了演讲。亨利·沃克（Henry Walker）等底特律居民积极响应塔潘的建议，随即开展了捐款活动，共捐款1.9万美元（天文台最终的建设费及设备费共花费2.2万美元，捐款不足部分由大学董事会补足）。1853年，塔潘去纽约和欧洲，为天文台购买设备和物色主任人选。根据塔潘的建议，大学董事会于1854年6月“任命柏林皇家天文台主任、世界著名天文学家恩克（Encke）的助手布伦诺夫（Brunnov）博士为大学天文系教授和天文台主任”①。塔潘对于布伦诺夫来说可谓有知遇之恩，所以当1863年6月塔潘被董事会解除校长职务后，布伦诺夫也于同年8月辞去了天文系教授和天文台主任的职务。其次，塔潘在担任校长后不久，还呼吁安阿伯的市民为大学的图书馆捐款以购买书籍，这也得到了市民群众的积极响应，共捐款1515美元。

在塔潘刚就任校长的时候，密歇根大学在课程建设等许多方面的水平还不高，例如塔潘在其就职演说中曾这样说：“文理系所学课程的程度并没有达到德国大学的相应水平，而无论是从学生入学年龄、学习内容、教学方法还是从学习时限上看，文理系的课程程度仅相当于德国文科中学的程度。”②为了把密歇根大学建设成一所名副其实的大学，塔潘在校长任期内提出一系列的改革设想：增设土木工程学、天文学、化学和农学等科学课程，并且开设研究生课程；增加聘任一流师资（包括物理学和土木工程学教授、天文学教授、农业化学教授、历史学和政治经济学教

① 崔高鹏. 美国州立大学董事会权力的变迁[M]. 杭州：浙江教育出版社，2015：85-86.

② Tappan, H. P. *A Discourse Delivered on the Occasion of His Inauguration as Chancellor of the University of Michigan* [M]. Detroit: Advertiser Power Presses, 1852: 37.

授、英语语言和文学教授等）；健全院系以及系科设置（包括建立美术学院和工艺学院等），完善教学基础设施；等等。塔潘还坚持大学的世俗性原则，认为“密歇根大学在实质上既不是宗教的也不是政治的，而纯粹是科学的和艺术的……宪法承认密歇根大学的组织既不是教派也不是政党……它不是政党和教派争斗的场所。它只属于人民，属于所有的人，不管他们是否从属于政党或教派”[①]。

塔潘的大学改革方案于1855年获得通过，之后逐步得到落实。他的大学理念也得到了大多数教师的理解和支持。

塔潘建议大学成立化学实验室，以便开设分析化学的课程。1856年5月，董事会通过的决议中指出，“鉴于建立一所用于分析化学的实验与教学工作的实验室对化学的成功教学来说是必不可少的，决定拨款2500美元用于建立分析化学实验室”[②]。到1857年秋，该实验室建成。

建造学生宿舍是美国传统学院的一贯做法，密歇根大学也不例外。但是塔潘反对这一做法，他说：“本来这些钱应该用于合法的教育目的，在实施住宿制的时候，大学却将这些钱用于为1000、2000、3000或4000名学生建宿舍……而在欧洲那些有大学的地方，私人提供的住房都能满足学生的住宿需要，在安阿伯这种供需规律也一定有效。”[③]1856年6月，董事会任命由董事迈克·帕特森（Michael Patterson）和詹姆斯·金斯利（James

① John S. B., Willis R. *Higher Education in Transition*[M]. Harper & Row, Publishers, 1976: 361.

② 崔高鹏. 美国州立大学董事会权力的变迁[M]. 杭州：浙江教育出版社，2015：82.

③ 崔高鹏. 美国州立大学董事会权力的变迁[M]. 杭州：浙江教育出版社，2015：104-105.

Kingsley）以及校长塔潘组成一个特别委员会，负责考察是否适合把学生宿舍楼改建为图书馆，同时废除学生在校住宿制，让学生去大学附近的居民家中寄宿。当年10月，该委员会向董事会报告说，“大学可以取消住宿制，将宿舍更改为图书馆对大学来说十分必要”[①]。后经董事会同意，到1857年，大学逐渐把学生宿舍楼改建成图书馆（即图书馆楼），增加了存放图书及有关标本的空间。与此同时，塔潘的儿子约翰·塔潘（John Tappan）成为该大学首位专职的图书管理员（此前，该大学的图书由教师兼职管理，每周对读者开放的时间也很短）。

1857年，校董事会正式批准塔潘制订的高深学习课程的方案（即研究生教学计划），这种课程以获得文科（文学）硕士或科学（理学）硕士这两种高级学位为最终目标。但当时学习这种新课程的学生还不多。学生如要获得硕士学位，除了通过所学课程的考试，还要提交1篇所学课程的论文。塔潘也亲自讲授“洛克[②]及英国经验哲学以及康德[③]和德国思辨哲学”和“里德[④]和常识学派[⑤]、汉密尔顿[⑥]作为里德哲学的阐释者以及基佐和折中主义”等硕士学位课程。1858年，密歇根大学开始授予文学硕士学位；1859年开始授予理学硕士学位。有的学者认为，塔潘提

① 崔高鹏. 美国州立大学董事会权力的变迁[M]. 杭州：浙江教育出版社，2015：90.

② 洛克（Locke，1632—1704），英国著名哲学家。

③ 康德（Kant，1724—1804），德国著名古典哲学家。

④ 里德（Reid，1710—1796），苏格兰哲学家、常识学派的创始人。

⑤ 苏格兰常识学派是18世纪下半叶至19世纪初英国的主要哲学流派之一，在美国也有广泛的影响。

⑥ 汉密尔顿（Hamilton，1788—1856），美国学者。

出的这种教学计划是"美国公认的学士后教育开始的标志"[①]。

1858年3月，塔潘等人向董事会建议设立大学奖学金，对学业优秀的学生进行奖励。同年6月，董事会经过讨论，同意设立4个奖学金名额，其中2个为古典学奖学金（所有古典学专业的学生都可以申请），另2个为科学奖学金（所有理科专业的学生都可以申请）。

1859年，密歇根大学法学系成立，10月开始招生。1863年法学楼建成。

随着系科的增加，此时密歇根大学急需聘请更多的教授来校任教，但是校方所秉持的一个原则是"宁缺毋滥"，正如塔潘所说："大学每一个教授职位只能由那些具有杰出才能和全面教养的人来承担，这些人必须熟练掌握他所在知识领域的知识，并且在课堂教学中向学生传授原创性的研究成果。他们必须是各个专业中最杰出的人……他们不是我们信手拈来的结果，而是我们精挑细选的结果。"[②]

1859年，密歇根大学决定建立艺术馆。塔潘夫人于1862年向艺术馆捐赠了大量珍贵的雕刻作品。

在塔潘的领导下，该校确立了在美国西部州立大学中的引领地位。任密歇根大学校长期间，塔潘还着手引进德国大学的教学方法，尝试把该校办成研究型大学。

1858年初，该大学的董事会举行了换届选举。新一届董事会和塔潘的矛盾逐步升级，董事会多名成员反对塔潘的大学思想

---

① 陈学飞. 美国高等教育发展史[M]. 成都：四川大学出版社，1989：68.

② 崔高鹏. 美国州立大学董事会权力的变迁[M]. 杭州：浙江教育出版社，2015：105-106.

和改革，同时塔潘还受到新教的各个宗派的攻击。地方报纸告诫塔潘“安阿伯不是柏林”[①]。此外，塔潘本人的强势个性、专横作风和饮酒等行事风格也引起了一些人的不悦。正如后来担任密歇根大学校长长达38年（1871—1909）的詹姆斯·安吉尔（James Angell）所说的那样，“塔潘是密歇根大学校园里出现过的最大人物。可是他被小虫子叮得要死”[②]。1863年6月25日，董事埃比尼泽·布朗（Ebenezer Brown）终于提议解除塔潘的校长职务，校董事会随即投票表决，结果是6：0，即6位成员同意解除塔潘的校长职务，一位弃权（当天董事会共有7位成员到会），最终决定解除塔潘的校长职务，同时还解除了他的哲学教授的职务（他的儿子约翰·塔潘也被同时解除了大学图书馆管理员的职务）。虽然塔潘的朋友以及学生为塔潘被解职而群情激愤，但无奈解职的程序是合法的。

随着塔潘被解职，许多由他所增设的学科不再被教授（但这些课程并未在密歇根大学的课程目录上被完全去除），塔潘因此“未能看到他的所有理想在密歇根的荒野中得到实现”[③]。美国现代高等教育专家、曾任加利福尼亚大学校长的克拉克·克尔（Clark Kerr，1911—2003）也说过：“布朗大学的弗朗西斯·卫兰德在19世纪50年代为德国的大学制度，包括一项选修课计划，大大奋斗了一番，就像密歇根大学的亨利·塔潘那样——两

① 陈学飞. 美国高等教育发展史[M]. 成都：四川大学出版社，1989：41.

② Ernest E. *Zcademic Procession* [M]. Indianapolis: Bobbs-Merrill, 1953: 74.

③ 乔治·M. 马斯登. 美国大学之魂[M]. 徐弢，等，译. 北京：北京大学出版社，2015：112-113.

人都没有成功。”[①]塔潘在密歇根大学的改革虽然失利，但它仍不失为“南北战争前美国最重要的一次大学现代化的尝试”[②]。包括塔潘在内的一些人所进行的美国大学现代化的尝试或改革虽然在南北战争前未获成功，但其意义和影响是不容否定的，正如美国有的学者所说：“尽管战前的改革家留下了大量未竟的事业，但他们将改革提到议事日程上来了。”[③]“而且事实证明，南北战争后密歇根大学的繁荣与发展在很大程度上得益于塔潘所奠定的基础。”[④]1874年和1875年，密歇根大学董事会两次通过了有关决议，赞扬塔潘为密歇根大学所做的工作（此举实际上也是代表学校向塔潘致歉），并邀请他回到安阿伯接受荣誉。塔潘接受了邀请，但两次推迟了行程，第一次（1874年）是因为考虑到自己的年龄大了（接近70岁），第二次（1879年）是由于他女儿的健康原因。

塔潘在被免去密歇根大学的校长职务后很快就带着全家人去了欧洲生活，他先后在德国的柏林、波恩、法兰克福，法国的巴黎，瑞士的巴塞尔、日内瓦等地居住，直至最后于1881年11月15日在瑞士的西部城镇维韦（Vevey）去世。他被葬在维韦，站在他的墓地，人们可以俯瞰日内瓦湖。

塔潘的主要论著有：《逻辑的要素》（*Elements of Logic*：*To-*

① 克拉克·克尔. 大学之用[M]. 高铦，高戈，汐汐，译. 北京：北京大学出版社，2008：7.

② 单中惠，贺国庆主编. 外国教育思想通史（第8卷）[M]. 北京：北京师范大学出版社，2017：54.

③ 单中惠，贺国庆主编. 外国教育思想通史（第8卷）[M]. 北京：北京师范大学出版社，2017：55.

④ 王保星. 美国现代高等教育制度的确立[M]. 石家庄：河北教育出版社，2005：55.

gether with an Introductory View of Philosophy in General, *and a Preliminary View of the Reason*, 1844)、《大学教育》(*University Education*, 1851)、《在密歇根大学就职典礼上的演说》(*A Discourse Delivered on the Occasion of His Inauguration as Chancellor of the University of Michigan*, 1852)、《城市的发展》(*The Growth of Cities*, 1855)和《公共教育》(*Public Education*, 1857)等。

为了表彰和纪念塔潘，密歇根大学于1879年创设了“塔潘法律教授”(Tappan Professorship of Law)这一职位。塔潘会堂(Tappan Hall)也于1894年完工，它是一座教学大楼。塔潘小学(Tappan Elementary School)建于1885年。塔潘初中(Tappan Junior High School)于1925年首次开学，该校后在原址附近重建，并于1951年招收新生。

二、《大学教育》的主要内容

《大学教育》发表于1851年。该书译成中文大约7万字。除了题目“大学教育”几个字外，书中通篇没有一个标题，全文一气呵成。这样的写法，按照我们当今对学术论文的要求(特别是论文格式的要求)来看，似乎是不合格的，也不符合我们现在读者的阅读习惯。

(一) 教育的多种分类

塔潘首先把教育分成以下四种形式：

(1) 实用的教育，主要是针对生产劳动和社会生活等；

(2) 审美的教育，包括文学艺术的教育(也就是审美教育)，可设立艺术学校；

(3) 专业教育，主要指法学、医学和神学的教育；

(4) 哲理性的教育，主要是发展人的心理能力，包括思维、观察、推理和想象等方面的能力。

但是专业教育如果不和哲理性的教育相结合，那么它仅仅能够培养出一些经验主义者。

然而从另一个角度去看，塔潘又把教育分成两种情形，即学术性（预备性）的教育和专业性（操作性）的教育。

关于学术性教育，塔潘认为，人是理性的动物，所以要培养他的推理能力；人是拥有语言的动物，所以要学习语言，进而学习文学；人是具有想象力和审美能力的动物，所以要通过学习艺术去培养这些能力；人是具有感情和意志的动物，所以要进行道德训练。

关于专业性教育，在塔潘看来，因为每个人都要具有一种谋生的本领，所以就要学习法学、医学、神学或其他专业（职业）的知识和本领。

但是专业性教育如果不以学术性教育为基础，那么它只能够培养出“各行各业的操作人员”。

后来，塔潘根据人的发展的顺序又把教育分成两类，即外部强加的教育和自觉自愿的教育。前一种教育是教师和学校所强加的，是因为学生还处于童年和青少年时期，他们尚未成熟，所对应的学校包括各种中小学；后一种教育是学习者自觉自愿的，是因为学生已经成年，具有了某种责任感，所对应的学校就是大学。

然而不管教育如何分类，在塔潘看来，最理想的教育就是“最彻底的、最文雅的和最广博的教育”，只有这种教育才能够造就“健康的、守纪律的和知识丰富的人”，他们能够为社会服务，能够从事各种工作，能够承担各种职责。而这种最理想的教育归根结底是要通过大学来实现的。

（二）西方大学发展的历史

塔潘接着简要地回顾了西方大学的发展史。他指出，在古希腊的时候，高等学校（大学）最初是由个人创办的，不受国家的资助。当时亚里士多德等思想家主持的哲学学校传授哲学、数学、天文学、逻辑学、物理学以及政治学等广泛的知识，其教育形式和方法一直延续到近代的大学，具有很强的生命力。意大利的博洛尼亚大学、法国的巴黎大学、英国的牛津大学和剑桥大学等中世纪的大学则受到经院哲学的影响，并且和教会有着千丝万缕的关系。牛津大学和剑桥大学建立了独特的导师制和学院制，并且一直延续下来。

塔潘特别指出，德国在宗教改革之后，大学教育有了很大的发展，并且这种发展令世人羡慕。

（三）德国大学的优点

塔潘认为，德国大学是“模范的机构”，其优点在于：第一，大学的纯粹性，它没有掺杂别的东西；第二，大学的设备和人员是完整的，包括图书馆等物质条件一应俱全，著名教授的人数也很多，学科门类齐全。

在德国的大学里，允许学生自由学习，但是考试严格（包括口试和笔试）。

塔潘指出，德国的大学之所以教学水平高，其中一个重要的原因是学生在进入大学之前，他们已经在文科中学里接受过充分的训练，课程内容包括拉丁语和希腊语、数学、历史、近代外语等（有的学生甚至还学习希伯来语等），由此打下了坚实的基础。并且考试的内容是全面的，要求也是严格的。

所以塔潘在书中竭力推荐把德国的大学模式作为美国大学仿效的模式。

（四）对两份大学报告的分析

塔潘在《大学教育》一书中还专门对《布朗大学报告》（*The Report of Brown University*）和《罗切斯特大学报告》（*The Report of the University of Rochester*）进行了较为深入的介绍和分析。

19世纪50年代，布朗大学校长弗朗西斯·卫兰德在该大学实行改革（包括推行选修课计划等）。《布朗大学报告》指出了当时美国高等教育的种种缺点，一方面如优秀师资不足、课程的吸引力不够，另一方面如学习内容过多，忽略商业、制造业和农业等学科，等等。为了克服这些不足，该报告建议采取的应对措施包括：废除固定的4年修学期限；允许学生在高校章程所规定的范围内自主选课；对学生的要求有多样性、不强制划一；大学应该更好地适应社会的各种需求；等等。对此，塔潘也表示理解和同意。

《罗切斯特大学报告》中所提出的建议包括采用两种课程——古典课程和科学课程，旨在适应不同学生的需要（可分别获得文学学士或理学学士的学位）；实行严格的考试；等等。塔潘认为该报告是“一份很有水平的报告”，是“值得称赞的”。

（五）对美国建设大学的具体设想

塔潘在《大学教育》一书的最后谈到了他对于在美国建设大学的一些具体的设想。

他建议大学设立4个学部，即哲学和科学学部、文学和艺术学部、法学部、医学部。而神学部还是设在单独的神学院为宜，不应该允许宗教的专业进入大学。但是在神学院和大学之间可以建立一种联系，可以让神学院的学生进入大学的图书馆学习，也可以让他们在大学里聆听历史学、哲学、语言学和普通文学等方面的讲座。

塔潘认为，在大学的章程中应该规定，大学完全脱离基督教会的控制并抛弃所有的教派偏见。大学只是应该承认基督教是唯一真正的宗教，让师生们去阅读《圣经》。

塔潘主张大学应该具有足够数量的教授，以便让他们去教授语言学、哲学、天文学、数学和物理学等多种学科。

塔潘还认为，可以通过个人捐赠等方式筹集足够的资金，以便用于建造大学的教学楼、图书馆、天文台和博物馆等，以及购买上万册的图书等。

塔潘的以上这些设想后来在他就任密歇根大学校长之后逐步得以落实。

三、《大学教育》中的主要观点评析

（一）大学是“教育的百科全书”

塔潘认为，大学开设了大量的课程和讲座，它们涉及各个学科；大学有图书馆、艺术展馆和各种实验室等，它们可以帮助学生进行深入的学习和探究；大学有足够数量的教授和教师，由他们对学生进行多方面的指导；在大学里，师生们对学术怀有极高的热情。塔潘认为，如果能够真正进行百科全书式的大学教育，就能够解决好以下几种关系：

第一，知识和文凭的关系。塔潘认为，人们在大学中注重的应该是知识本身，而对于学术证书不应过于重视。也就是说，大学学习的目的主要是获取知识，而不是为了文凭。他的这种观点即使在当今也有一定的针对性。

第二，古典学科和当代科学知识（也就是古典课程和科学课程）的关系。当时有人认为，如果大学要开设近代科学方面的课程，那么就要抛弃拉丁语和希腊语之类的古典课程。但是塔潘认为，因为大学教育是百科全书式的，所以大学就需要有各种学科的学者，其中包括古典文学的学者，由他们向学生展示古典语言的价值，展示不朽的古典著作。也就是说，古典教育和科学教育可以同时进行，不应偏废。不难看出，塔潘的这一观点和英国教育家赫伯特·斯宾塞（Herbert Spencer，1820—1903）的观点有所不同，后者更强调科学教育。

第三，学术性教育和实践性教育的关系。塔潘认为，所有真正的教育都是注重实践的，实践也不能离开教育。所以他指出，大学可以把数学家培养成工程师。这里所谓学术性和实践性的关系，也类似于我们现在大学中所讲的基础学科和应用学科之间的关系，只有把两者关系处理好，大学才能够更好地发展。

塔潘主张大学要进行百科全书式的教育，这种观点在当时是很有前瞻性的。我们的大学现在强调通识教育，要求学生的知识面要宽，基本上也是这个道理。

（二）大学是人类“理智活动的中心”和“教育体系的顶点”

塔潘认为，大学是人类“理智活动的中心”，大学中的伟人能够引领人类思想的发展，例如英国哲学家培根的哲学改变了人类从事研究的方法，英国科学家牛顿则揭示了自然界的规律。塔潘指出：“大学将是我们的教育体系的顶点，大学具有用以满足人类的最高需求和渴望的一切东西；大学把知识的丰富的领域扩展到最大的限度；大学具有一种吸引力，吸引人们做好最充分的准备，以便去学习科学和文学的各个分支学科；大学开辟了一些隐蔽的场所，勤学之人可以在那里用功学习，并得到最大的满足；大学提供了最大的可能性，激发出人们最大的努力。”

塔潘以上对大学地位和作用的评价基本上是符合事实的，也是正确的。我们现在也常说，大学是最高学府，是科学和文化中心，大学对于社会具有引领作用。有时人们甚至还说，大学也可以养一些“闲人”，让他们去读书和研究。

四、塔潘大学教育思想和改革实践的影响

塔潘是美国“最早留学德国的教育改革家之一”，也是19世纪美国高等教育思想界最有代表性的人物之一。他的大学思想在当时是最系统和最全面的，已上升到教育哲学的高度。尤其是他对“大学概念”的阐述，对德国大学优越性的论证，代表了当时美国人的梦想，同时也对19世纪中后期大学运动的发展起到了积极的影响。后来担任密歇根大学校长的詹姆斯·安吉尔正是以塔潘的大学教育思想为指导，推进该大学的改革向纵深发展，取得了巨大的成功。詹姆斯·安吉尔在刚就任密歇根大学校长时就说：“我发现密歇根大学受到约翰·皮尔斯[①]、亨利·克拉里和大学首任校长塔潘的影响极大，大学在很大程度上受到德国大学理念的影响，并且建立在比东部诸学院更加开放、更加宽广的大学生活观之上。”[②]密歇根大学曾被人称为美国“州立大学之母”[③]。康奈尔大学校长怀特也曾经说：“塔潘博士不仅站在了安阿伯那所大学改革的前列，而且站在整个西部各州其他大学改革

① 约翰·皮尔斯（John Pierce），密歇根州首任公共教育督学（1836—1841）。他于1837年1月向密歇根州议会提交了一份内容广泛和影响深远的报告（即教育计划），其中有关大学的部分成为同一年密歇根大学建校法的依据。

② Angell J.B. *The Reminiscences of James B. Angell* [M]. New York: Longman, Green, and Co., 1911: 226.

③ Shaw W. B. *The University of Michigan: An Encyclopedic Survey*, Vol. 1 [M]. Ann Arbor: University of Michigan Press, 1942: 72.

的前列。”[①]

塔潘在担任密歇根大学校长期间，由于各方面条件的限制，他的改革的成效还不够明显。但是随着时间的推移，事实证明他的改革的基本思路是对的，所以在后任校长们的继续努力下，密歇根大学终于成为美国闻名的州立大学，该大学“对1851年创立的明尼苏达大学，1848年建立的威斯康星大学以及美国研究生教育的发展都有着深远的影响”[②]。至20世纪20年代，密歇根大学已是美国顶级的公立大学之一[③]。

赵卫平

浙江大学教育学院

① Richard Hofstadter & W. Smith. *American Higher Education* [M]. London: the University of Chicago Press, 1967: 548.

② 陈学飞. 美国高等教育发展史[M]. 成都：四川大学出版社，1989：31.

③ 参见戴维斯·爱. 美国研究型大学的兴起——战后年代的精英大学及其挑战者[M]. 张斌贤，等，译. 保定：河北大学出版社，2008：9.

公告

这本专著包含了亨利·菲利普·塔潘1850年7月发表在《圣经的宝库》（*Biblical Repository*）上的一篇论文。把它加以修改和补充并公开发表是作者事后的想法。

CONTENTS

目录

大学教育

早期的教育理念和教育形式是为人类日常生活和必要的活动做准备的。人类世界拥有一个巨大的物质宝库，供人们挖掘和使用。在原始的条件下，这些物质只能满足人类最为必要的需求。但是人类自身具有一种更高等的功利的原则，它产生了关于便利、舒适和优美的概念。人性在这些方面的发展，就产生了农业、手工业、制造业和商业——人类生产的各种形式。这种理念就是严格意义上的大众教育的基础。在这种教育最初的状态下，它仅仅在不同的程度上培养心理上的创造能力、发明能力、适应能力和身体上的技能——在这种教育的过程中，本能和自发的思想共同起作用，并且奇妙的大自然的工具通过人类的使用而日臻完善，同时人类在使用的过程中也熟能生巧。这样，人类就能够初步地快速计算，并且在手工劳动中变得精细和灵巧。

但是，为了完成最有益的工作，为了使世界的物质环境尽可能地完美，人类生产需要最高级的科学的帮助（包括纯科学和应用科学）：数学、力学、天文学、化学和博物学[①]（在其最广泛的知识范围内）全都被用来帮助和改善人类的生产。在这里，少数人指导和管理着多数人。人们不可能都成为科学家，但是他们按照程序和规则去工作，而程序和规则是由科学家为他们提供的，这样他们自已就无须再别出心裁，也不用再去进行试验（而试验或多或少是要凭运气的）。但是，运用这些科学的和已确定了的规则能够鼓舞人的思想，激发人的好奇心，引发人们对许多科学真理的认识，引发人们对宇宙体系的某种合理的理解，引发人们对人类才能的力量和范围的理解。

作为社会组织的成员，作为被管理的对象，作为具有道德和

① 动物学、植物学、矿物学、生理学等学科的总称。——译者注

宗教信仰的一分子，任何人都必须了解社会和国家的法律，了解道德和宗教的义务。人在这方面的修养取决于他们的社会地位，取决于管理他们的政府的性质，取决于他们所养成的宗教信仰。

在所有以上这些方面，我们首先需要这样一种教育的形式，那就是所有的人或多或少都应该分享的教育。它就是实用的教育和履行必要的义务的教育。它包括我们所说的普及的或注重实际的教育制度。为了促进这种教育形式而建立的机构就是普及的或注重实际的教育机构。

可是，在一些国家中还进行着艺术和文学的教育，让所有人都有所感受并受其影响。而这种影响来自艺术，在公共建筑物内、在雕塑和绘画前、在诗歌和音乐的传播中，都能感受到这种影响。在写作技巧出现的任何地方，因为有关书面语言的知识本身就成为日常交往的一种最有用的东西，所以就要努力使这种知识成为普遍的知识。但是如果要做到这样，就必须在某种程度上同时提供识字教育的可能性和方法。的确，在古人中间（书籍对他们而言是稀有的东西），甚至在当时被誉为最有教养的国家中，人们接受文化教育还是依靠聆听公共集会上的演说、聆听诗人的朗诵、观看露天剧场的戏剧表演，而不是通过自已的阅读。但是正如我们在雅典人身上所看到的那样，这些学习的效果是很大的。在近代的人们中间，书籍和期刊的大量增多对较为下层的社会也产生了理想教育和审美教育的影响。因此大众教育就不再仅仅局限于生产劳动、社会生活、公民事务和宗教活动的有用性和必要性了。

第二种教育形式与审美的艺术有关，或者与任何能够美化和装饰人类生活的东西有关（这种美化和装饰是通过审美体验的影响来实现的）。的确，所有人都能够感受到艺术的力量，但是严格来说，艺术教育只属于一个社会阶层。这个阶层的人受到天赋的激励，再加上外部条件的配合（这些外部条件常常似乎是偶然形成的），因此他们就追求一种理想的生活。由于有些人自发地向往艺术的生活，艺术学校也就应运而生了。首先，有的个人很努力——就像明亮的星星在无边的黑暗中发光。然后，第一批伟大的艺术作品对那些同样富有天赋的人形成了具有激励作用的感召力，这些作品成为才艺和审美的榜样。如此，艺术家就不断地增加。接下去，充满热情的追随者聚集在大师的周围，艺术学校也就产生了。

第三种教育形式与专业的生活有关。法律、医学和神学这三种专业起源于人类迫切的需要。它们作为专业区别于所有别的东西，并且至关重要。

第一种专业与伦理学和民法学相联系——涉及人的权利，涉及个人、团体和国家之间的关系，涉及社会的、文明的和道德的秩序。因此，法律专业需要伦理学、历史学、民法学、政治学和司法学等多方面的知识。

第二种专业以多种多样的观察和实验为基础，涉及有关人类的生理结构和心理结构的知识，需要了解自然的系统（包括疾病产生的原因和治疗的方法）。

第三种专业就像其在基督教会里所发展的那样，涉及广泛的知识。该专业要通晓古希腊和古罗马的语言以及通过这些语言对古希腊文化开展研究，了解基督教兴起初期并在中世纪发展的历史；要通晓希伯来语及其同语系的语言；要通晓历史和古代的风俗习惯（包括宗教的和世俗的两个方面）；要通晓形而上学（玄学）、自然神论和伦理学。此外，因为基督教的教条几乎和哲学的每一种形式都混合在一起，所以神学专业还要通晓各种哲学观点，了解各时期对教义的解释和修改的历史。作为补救性的力量，以上三个专业围绕着人类的基本利益聚集在一起。第一个专业同错误和不公平做斗争，并且有助于制定法律、维持政治稳定和保障人类的自然权利。第二个专业同疾病和死亡做斗争，并且有助于健康，有助于延长寿命，有助于身心愉快。第三个专业同错误和罪恶做斗争，并且有助于道德的完善、人类的希望和幸福。学习和研究这三个专业都需要有很高的天赋和才智，在学问上需要有最好和最深厚的造诣。因此，以下这种说法就不会使人感到惊奇：培养学术专业人才的特殊的教育制度和机构应该逐渐形成，并且成为最重要的制度和机构；甚至一种通识教育（liberal education）的基本理念也应该和这样一种人才培养的理念结合在一起。

教育的第四种形式是理想化或哲理性的。在这里，主要考虑心理的能力，教育制度被计划仅仅用于教育、引导、展现这些能力。我们现在不仅仅考虑生活的实用、特定学科的要求以及为一种特定的专业做准备。我们问：人是什么？人能够成为什么？我们发现：人具有很强的思维、观察和推理的能力，具有想象和体验的能力，具有良心和道德。并且，在所有这些方面，人能够无限制地成长——能够越来越具有理性，其想象力和审美能力能够越来越好——变得更加聪明和富有教养（并且没有明确的限制）。于是我们要问，在这种发展过程中，是否具有一些促进和引领这种发展的规律和方法？我们发现，所有的知识都适合于这一伟大的目标：在认知和推理的过程中，人逐渐更容易和更准确地懂得所接触的东西，并且开始更迅速和更踏实地进行推理；在了解伟大的文学和艺术作品的过程中，在创作这些作品的过程中，人的想象力和审美能力不断得以发展和成熟；自由专业

(liberal professions）和任何职业都成为社会生活和福利的一部分，与此同时，就这些专业和职业的客观功能而言，它们正在各方面增加好的东西，并且在主观上产生影响，形成人们的行为准则，再依靠这些准则，使人们的心灵成为各种形式的智能和道德品性的载体，成为神性（divine nature）的一个共享者。

哲理性的或理想化的教育并不会脱离我们人类生活的具体事务和目标，也不会忽略社会和国家的任何重大利益；正相反，这种教育会涉及以上所有的内容，也会最充分地高度关注这些内容。为了社会的福利，这种教育希望每个人都能从事某种合适的工作；但是为了把工作做好，每个人都需要培养自己全部的才能，并且在做工作的同时，使自己变得越来越成熟。因此，这种教育具有两种情形——预备性的和可操作的（executive)。

预备性的教育是正式的和学术性的，是在学习机构的指导下进行的。预备性的教育中包括对一般性的智力的培养（上面已经说到过)。人是一种理性的动物，因此，其推理能力应该通过所有推理的形式和过程加以培养（而这些推理的形式和过程被认为是最能够培养人的推理能力的)。人是一种语言的动物，因此，应该让他通过学习那些最优雅的语言以及原生态的语言，来了解它们所有的功能和美的性质。这里所说的学习包括了解口头语言和书面语言的灵活和恰当的运用——如同在经典著作中所运用的那样，而经典著作包括诗歌、演讲稿、历史著作或哲学著作等。人是一种具有想象力和审美能力的动物，因此就应该在学习艺术（诗歌和音乐）的过程中去培养这些能力。人是一种具有感情和意志的动物，因此就应该向他讲授道德，训练他学会管理自己。

从哲学的或者理想的观点来看，就人所具有的能力而言，教育是对人的培养和完善；教育也是对人的心灵的培育和发展。这里我们也不能忘记人的身体，不要忽视大运动量的练习，这些练习使人的身体变得非常匀称，使人变得强壮和具有力量。理想的人是这样的：在一个健康和有活力的身体中拥有一颗纯粹的心，有修养，能够承担所有正当的职责。

通过这种预备性的课程对人进行一种正确的和有价值的训练之后，我们下一步就要操作性的教育。在这一种类下，我们开展专业性的学习，诸如法律、医学和神学，或者和生活有关的任何课程（因为每个人都要掌握一种谋生的本领）。为了使一个人能够履行其专业上的职责，以上所提到的这些学习内容是必要的，它们也可以在普通的教育机构里被学到。但是人在一生中都要不断地对这些知识进行探究和扩展——就像一位工匠在任何时候都能够使用他的工具一样。

因此，我们所谓富有哲理性的或理想化的教育就是最彻底的、最文雅的和最广博的教育，它旨在造就健康的、守纪律的和知识丰富的人，他们能够为国家和教会服务，能够从事各种技术工作，能够承担各种职责，也能够做好日常生活中的各种事情。

这种教育的概念不是仅仅向学生传授某一种职业或专业的本领或者某一种技术，而是要用真理和知识去激励和鼓舞人的心灵，要给学生以力量，使他们能够正确地运用自己全部的才能(不管他们在什么方面去运用这些才能)。确实，似乎只有少数人能有很长的闲暇时间去专门从事学习，他们有充足的手段和条件去彻底实现那种广博教育的理想；但是这种教育包含了一条可以普遍运用的原则，因为即使在初级教育阶段，开发学生的全部才能这一教育理念也应该被加以考虑和贯彻。通过一所普通学校的基础学科是难以真正地培养人的推理能力的，虽然从普通学校毕业的时候，学生的推理能力还是能够得到一些培养的，也许是培养起一点推理的兴趣。还有，这种对教育的高深的看法不应该被用于世俗的事情，人类的心灵也不应该被当作一种世俗的东西；对教育的高深的看法和人类的心灵应该被当作高尚的、高贵的和永恒的东西，为了使这种看法和人类的心灵更完善、更完美，所有世俗的东西都应该加以利用。于是，关于人类心灵的价值的看法就得以灌输，人类的心灵将渴望得到真正的培养，那些指导普及教育的人打算使学习内容适应这一目的，甚至在一种有限的教育环境下去体现这种目的，但这种体现却是在那些较高的和理性的基础上进行的，而心灵中生来就有的能力和最适合的教育同样需要这种体现。

人类生活的条件可能常常会将一种彻底的教育局限于少数人，但是我们没有理由说：一条正确的教育原则不应该指导各种形式和各个层级的教育。对于打算今后从事一些需要学问的职业（诸如律师、医生和教师等）的人而言，因为他们学成以后在社会上的地位会比较高，影响也比较大，所以，毫无疑问，他们需要对自己的才能进行全方位的训练，从而可能真正获得这些能力；他们也需要接受特殊的训练和获得特殊的知识，这些同他们特殊的职业有关。前者（即全方位的训练）能够使人达到很高的思想境界，而社会的领导者需要达到这样的境界。

因为某些人具有特殊的天赋，爱好某些特殊的职业；也因为世界的组成使得对某一部分的劳动力具有强烈的需求，所以总会有许多人虽然接受了专业教育，但是先前没有受到彻底的哲学文化的熏陶。我们也不能否认，科学的一些特定领域中的著名人物，艺术界的行家里手，专业领域的能工巧匠，他们也是这样被培养出来的。我们也同意：教育机构应该对这样的情况做出规定。

但是在另一方面，我们的目的应该是把仅仅是专业的和职业的教育同培养人的广博且丰富的文化加以明显的区分，后者使人能够积极地生活，并且思想境界极高，具有一种评价的能力，能够评价所有的知识和各种力量（机构），而这些知识和力量都是社会福利和进步的组成部分。真正的最注重实践的教育并非是那些把人最快和最直接地引向实践的训练，而是使人能够最为胜任实际工作的教育。不仅仅是要使用那些造就一位艺术家的艺术方面的装备，更要正确地和艺术性地使用这些装备。在学习一门手艺、获得一种艺术本领、接受一种教育的过程中，都可能会具有某种明确的目的，或者应该具有明确的目的；只有从这个目的出发，才能估计所花费的时间、金钱和辛劳的价值。没有人可以专断地说：只要我们花费了足够的时间、付出了大量的劳动，就一定能够学会某门手艺、掌握某种艺术本领，或者受到真正的教育。但是为了达到某种目的，我们必须做好所有必要的事情。

现在，有些教育机构为了追求卓越，可能会向一些特殊的高智商者提供合适的机会，还给一些非常注重实际的人提供合适的机会（这些人对一种直接的和使用起来便利的方法有他们自己的看法），但一般来说，这些教育机构必须要管理得好，从而形成一种可靠和完善的秩序。从没有拥有任何非凡的智慧的人就能够制定出一条普遍的规律，那些一心想着所谓注重实际的方法的人也许通过他们的失败可以做出良好的贡献。但是应要求一个伟大的教育机构制定出一条教育的标准并证明其是正确的，而且这条标准在人的基本素质中会得到体现，同时教育机构也能够沉着和威严地（并且轻蔑地）对待那些看似有理但却是昙花一现的权宜之计，能够用一种良好的精神和一种强有力的管理方式去满足人类持久而迫切的需要。

人往往会不断地衡量自己和衡量别人，也会仅仅以成功与否来衡量教育机构的声望。现在有许多成功是靠好的运气取得的，也有许多成功是由于眼光敏锐而取得的，但不好的政策不会导致成功，愚蠢的政策迟早会被淘汰。大多数人没有太大的抱负，他们不管付出什么代价，只是想获得眼前的成功，这是人性的一种表现（而这种人性在无数种传说中都被描述过），同时这也是一份用鲜血书写的契约——和魔王（the Devil）的契约，根据这份契约，为了现在而出卖未来。许多人急于做成交易，甚至不怕受人欺骗，他们在最初体验了一点成功之后就如此陶醉于所热切希望的项目，以至于他们违反了一些伟大的原则，因此他们在生活中受到了惩罚。这种情况如此频繁地发生，以至于一条睿智的普遍真理就出现了，那就是“诚实是最好的策略”。虽然这条真理适合于约束一些人和宽慰另一些人，但是这条真理仍然像一块指示牌那样被狂热的人们遗留在成功的后面。

一个教育机构也许可以做出一番事业来，在其发展过程中，它可以在医学、法律和神学等学科培养一些经验主义者；它也可以教给学生一些知识，但这些知识只能使学生成为政治上的鼓动者，或者使学生在当今这个各行各业蓬勃发展的时代里成为各个行业的操作人员。但是在我们面前，正在出现一种与上述情形形成强烈对照的现象，有一种关于教育机构的理念设想：教育机构应该拥有一座藏书丰富的图书馆（并且这些藏书都是精心挑选的），应该拥有完整的科学仪器，应该拥有许多矿物和生物的标本，应该拥有所有学习的材料——在这个教育机构里，应该有一个进步的和专注于研究的机构，应该有杰出的教授，有“多方面”的人才，他们专注于自己特定方向的发展，他们非常热爱各种知识并且渴望精神上的满足。他们为了伟大的目标而在一起工作，这伟大的目标就是：依据一种真实和崇高的理想去培养人类的心灵，培养受过全方位训练的人，使他们作为真理和道德的践行者而进入世界，使他们能够干好每一种工作，能够履行每一种职责，能够作为牢固的栋梁支撑一个国家，能够用一种最认真、专注的态度推进每一门科学向前发展，能够为国家的文献宝库增添伟大的著作，能够通过社会的每一种渠道施加影响，从而使社会变得更清新、更美丽、更生气勃勃。这样一个教育机构将坚持自己的优点，并通过自己的工作证明自己的价值。它的崇高地位使它不再仅仅局限于所谓的成功。如果它培养出一些具有影响力的人才，它将为人类做出更大的贡献，这种贡献远大于那种只是培养了一群一知半解者的学校的工作。

在回顾教育机构的历史时，有两个事实很快就引起我们的注意。第一个事实是，最为高级的学校最早产生。大学并非产生自面向老百姓的学校；正相反，面向老百姓的学校产生自大学。第二个事实是，大学最初并非由国家创办，而是由个人所创办。最初，单个的学者开始公开讲学，吸引了一些学生。这就是大学的开端。后来，一些学院受到了一些乐善好施的赞助者的资助。在这些学院出了名之后，国家才对它们施加影响并加以管理。“钱皮尤斯的威廉[①]于1109年在巴黎开办了一所学习逻辑学的学校；只是从那时开始，大学才能够保证其教师队伍的正常更新。”[②]“大学造就了赞助者，而不是赞助者造就了大学。就牛津大学和剑桥大学的社团性质而言，这两所大学也可以这么说；不管牛津

① 钱皮尤斯的威廉（William of Champeaux，1070—1122），经院主义神学家，唯实论者。曾在法国巴黎圣母院的大教堂学校等机构任教。——译者注

② 哈勒姆（Hallam）。——作者原注

大学的建立可能应该归功于什么（如果事实上它确实应该归功于什么的话），它都应该感谢阿尔弗雷德[①]作为预言者的慷慨大方。”[②]

“那些面向穷学生的、受到赞助者资助的学院建于13世纪初（或者甚至更早些）的巴黎和博洛尼亚，后来同样建于牛津和剑桥，它们是由慷慨的且具有文化的赞助者所创建的。无论如何，应该记住，这些学院的建立不是原因，而是对知识渴望的结果（这种渴望日益增长），或者是对知识外貌渴望的结果，这种渴望已提前受到了巨大的鼓舞。在12世纪，一些比较冲动的人急于奔向他们认为是智慧的源泉之处（例如伟大的巴黎大学），当时进大学并不取决于传统的特权，也不依靠捐助的奖学金（奖学金是后来才有的），尽管特权和奖学金在维持大学的正常运转方面无疑是有效的。”[③]还必须记住，这种对学习的巨大热情是由一些大学教师所引发的。阿伯拉尔[④]对其学生的吸引力是如此之强，以至于巴黎的学校的厚墙和那圣灵（Paraclete）所在的教堂的厚墙是一样的坚固。

在这两种事实中，已经包含了教育发展的历史。某几个孤独的人沉湎于思考其存在的伟大目的和影响。这种人能够理解当代的学问，还能够超越这些学问，他们已经深深地意识到理性的发展和理性的力量。他们感到自己已经掌握了一些真理，他们相信

① 阿尔弗雷德（Alfred，848—901），萨克森王国的国王。他曾建立宫廷学校，强化国民教育。——译者注

② 哈勒姆。——作者原注

③ 哈勒姆。——作者原注

④ 阿伯拉尔（Abélard，1079—1142），中世纪法国经院哲学家、神学家，曾在巴黎的学校中讲授逻辑学，著有《是与否》（*Sic et Non*）等书。经院主义神学家钱皮尤齐的威廉是他的老师。——译者注

自己已经阐明了哲学或科学的新体系，而这些真理和新的知识体系像一种鼓舞人心的东西在他们心中激荡，他们被迫对一些老的真理给予新的说明，纠正当时的一些错误，并表明他们的新思想。受到他们教学魅力的吸引和教育力量的鼓舞，其他那些具有类似意向的人开始了一种追求知识的生活，并聚集在前者的周围。这几个原本孤独的人成了一种学派的学者。他们在某些城镇或者大城市里，或者在某些神圣的静居处安家落户。他们的学生人数增加了，他们的名声传开了，他们成为引人注目的对象。最后，贵族和富人、教士和君主都来资助新兴的教育机构，这些机构也获得了特许状和一些特权，获得了捐款，它们成了一种永久性的机构。

那些以前是学生的人，现在自己成了学者或教师，他们不再是孤独的人，在不同的学科中出现了许多演讲者，而在同一学科中也就有了竞争者。

在别的地方，同样的机构也出现了。这些机构开始时唯独关注哲学，或者关注民法和宗教法规，或者关注经院主义神学，此后终于扩展到关注所有已知的学问。

现在，大学成了知识的所在地和源泉。学生们常常到这里来，有学问的人在这里受到培养并且定居。在这里，经过一代又一代人的努力，各种科学知识不断发展，并日益成熟。学生们从这里出发，去从事各种专业的工作，在政府机构中担任重要职务，去引领文化和文明的进步。

从高等教育机构中发展出了一种大众的教育制度，这是很明显的。我们很清楚，无知的人是不能为他们的教育采取任何措施的。无知、缺乏对学习的兴趣和爱好，所有这些都会妨碍他们接受教育。而受过教育的人能够理解并承担伟大的工作。因此，大众教育必须在一个文化程度较高的地区率先发展。

现在，大学和大众的交往是双重的。一方面，大学从大众中间招收一些人，把他们作为学生来培养。另一方面，大学把受过教育的人派出去担任各种高级职务。每一个受过教育的人成了一种良好影响的中心，他们表现出一定的能量，并且展现传播知识和文明的魅力。受过教育的人不断地涌现（毕业），而等待接受教育的人又不断地进入学校。因此，通过这两种人员的流动，聪明的人和相对不够聪明的人可以交往，从而成倍地增加文化人的数量，减少无知者的数量，稳步和逐渐地实现一种普及的教育。

确实，早先在实现这一伟大和仁慈的目标的过程中，存在着一些难以克服的障碍。在这些障碍中，可能也包括大学自身发展的缓慢（当时处于不利的时期——迷信、暴政、武力和战争）；封建制度下人们极度的堕落；大学只设置了适合培养学者的一些专业，特别是适合培养牧师的专业。在一些国家中，大学从未摆脱神职人员的统治和旧的教义的影响。因此，当时，学习哲学在西班牙的大学里还是被禁止的。当然，有一些制度是和人的自由、人类的普遍的精神启示相对立的，只要大学还仅仅只是维持这些制度的工具，那我们就看不到大学和大众教育之间的联系。但是，让我们记住：在这些国家中是没有大众教育的；同时，正是在那些大学已经得到了最广泛和最彻底的发展的国家中，面向大众的教育已经有了最大的发展，并趋向于最完美的境地。

我们教育发展的历史必须以古希腊的哲学学校为出发点。这些学校是由个人创办的，而这些个人自由地思考、自由地讲课。学生聚集在他们的周围，接受教育，寻求新的道路，得出新的真理。这些学校不受国家的资助。当时有的国家实施一种不可思议的暴行，即通过迫害和谋杀来抑制思想的自由（如同对待苏格拉底那样)。确实，这些学校反而帮助了国家，因为它们促使人们去思考，它们传播那些极其重要的真理（虽然这些真理在刻板的讲解中有时显得很抽象，然而它们的确包含着促使国家强盛的原动力）；因为它们使得一些人成了伟大的哲学家、历史学家、政治家、诗人、演说家和英雄人物等，而这些人造就了一个伟大的国家。

古希腊人的生活是一种思考的生活、艺术的生活和发扬英雄主义的生活——并且这几种生活合在了一起。埃斯库罗斯[1]和索福克勒斯[2]都是士兵。亚西比德[3]是苏格拉底的一名学生。苏格拉底是一名雕刻家、士兵和哲学家。伯里克利[4]是演说家和英雄。哲学家、数学家和天文学家毕达哥拉斯通过他的政治智慧，和他的朋友们一起取代了老式的元老院，为周围的一些城市提供了政治制度上的样板。

在这些哲学学校中——从泰勒斯[5]的学校到亚里士多德的学校，形而上学、自然神学、数学、天文学、逻辑学、物理学和古希腊的政治知识等都包含在学习内容里面。这些学校提供一种适合男子的训练，它们拓宽思想的范围，它们提出一些永不过时的真理。从这些学校中，我们至少获得了不朽的柏拉图的哲学、不

① 埃斯库罗斯（Aeschylus，公元前525—公元前456），古希腊悲剧作家。——译者注

② 索福克勒斯（Sophocles，公元前496—公元前406），古希腊悲剧作家。——译者注

③ 亚西比德（Alcibiades，又译阿尔西巴德，公元前450—公元前404），雅典政治家及将军。——译者注

④ 伯里克利（Pericles，约公元前495—公元前429），古希腊雅典的政治家及首席将军。——译者注

⑤ 泰勒斯（Thales，约公元前624—公元前546），古希腊思想家、哲学家。——译者注

朽的欧几里得的几何学和不朽的亚里士多德的逻辑学。我们也获得了一种教育的形式和方法，这种形式和方法从那时起一直到现在始终存在着，在今天我们的大学里仍然具有生命力。

古罗马人只是复制了古希腊的哲学。亚历山大城的学校，古罗马人统治下的雅典的新学校，新柏拉图主义[①]的学校——所有这些后来出现的学校，它们的思想、方法和能力等，其最早的源头都是古代的学校。确实，这些后来的学校也引入了东方国家的东西，但是古希腊人的精神居统治地位。法律学校、医学学校和神学学校，都是在同样的主导思想和思维方式的指引下产生的。盖伦[②]甚至试图把几何学的论证方法运用于医学。基督教和哲学学校产生了冲突，但是基督教未能压制住哲学学校。正相反，柏拉图主义和基督教的思想产生了融合，亚里士多德的逻辑学对教条主义神学的形式产生了影响。

可是，教会的权威还是占了上风。教会把从哲学学校所得到的东西加以提炼，然后就称之为自己的东西。除了教会以及它所贮藏或保护的东西，野蛮人的入侵毁灭了一切。由君主所建立的学校被改成基督教会的团体，所有的科学和文学都被并入神学。8世纪初见证了基督教会的普遍胜利。

从5世纪到12世纪初，欧洲的神学教育只是学习早期基督教著作家法瑟斯（Fathers）的著作及其对它们的注解。每一种思想的接受与否都要根据权威而定。人不能自由选择。

在11世纪末，经院哲学的先驱罗塞林[③]出现了。接着是钱皮

① 3至6世纪流行于古罗马的一种神秘主义哲学。——译者注

② 盖伦（Galen，约130—200），古罗马解剖学家、内科医生和作家。——译者注

③ 罗塞林（Roscelin，约1050—1125），法国经院哲学家、神学家，唯名论的创立者。——译者注

尤斯的威廉的出现。于是，经院哲学的长期统治开始了。欧洲大学的兴起或近代欧洲大学的开端被认为与经院哲学的兴起是一致的。经院哲学具有斗争性，它反对教会和国家的权威，帮助具有才智的人争取思想自由及其拓展。当时社会不可能发生一种公开的对抗，人们甚至也没有一种公开对抗的打算或者愿望。但是，因为人的思想原来被局限于教会的种种规定这一令人畏惧的范围，所以现在人们的目的在于通过经院哲学，尽量利用人的理智，使人的才能得到最好的训练，尽最大的力量去拓展人的思想范围。要达到这一目的，就要妥善应对那些公认的神学的教条和一些深奥的问题，要从这些教条和问题中推导出一些合乎逻辑的结果。经院哲学家们的确完完全全是一些理想主义者，他们力图根据理性的方式去描述宗教的教条。

经院哲学家们的巨大错误在于根据权威去接受宗教的教条和哲学的体系。他们并非独立地去研究基督教的《圣经》和哲学。他们依赖早期基督教作家的思想去解释他们的神学；依赖柏拉图和亚里士多德的思想去解释他们的哲学。只是在试图调节神学和哲学的矛盾的过程中，他们的聪明才智才得以表现出来。但是必须承认，经院哲学家们也有他们自己的理由，因为上述错误是强加于他们的。教会不允许经院哲学家们通过独立的研究去超越权威。当时是一个权威的时代。柏拉图学派和亚里士多德学派的哲学被奇怪地混合在一起。前者在早期影响了神学上的教条主义，而同时后者却受到神学的排斥。异教徒们是最早介绍亚里士多德思想的人，他们巧妙和有效地利用亚里士多德的辩证法。正统的教徒因此被迫利用同一个宝库里的东西武装自己的头脑。因此亚里士多德终于成为一个伟大的权威人物，柏拉图哲学的影响明显地减弱了。然而，已经和亚里士多德哲学混合在一起的柏拉图哲学不能被抛弃，但是在很大程度上，它也是作为早期基督教著作的一种教学而愚昧地被保留下来。因此，亚里士多德被认为是经院哲学家们所确信的权威，在他们把柏拉图学派和亚里士多德学派的思想体系融合在一起的时候，他们也把亚里士多德和早期基督教作家们结合在了一起。

这就可以解释唯实论者和唯名论者之间那场有名的争论。他们双方都错了，同时双方也都对了。前者站在柏拉图学派这一边，后者站在亚里士多德学派这一边。柏拉图认为，他所谓的理念是一些实际存在的东西——每一个接受他的哲学的人也都必须这样去对理念进行理解——在人的理性中，理念是全部知识的重要的潜在力量，因此，理念和理性本身一样，都是真实的。亚里士多德所谓的类（genera）和种（species）只是分类的名称，它们也许是正常的，但实际上常常是武断的。唯实论者和唯名论者只是表达了一般性的看法，而我们在对客观世界的东西恰当地进行分类时，已经把他们的看法考虑进去了。柏拉图主义者使用一般的术语去表达理念，亚里士多德学派的人则使用同样的术语去表达一种纯粹的分类，只是在他们彼此误解对方的话题时，才会产生争论。很明显，这种误解之下的争论，双方绝不可能达成共识。这才导致教会和国家通过颁布教令和政令去平息这种争论，而单纯的逻辑推理是不能终结这种争论的。

在当时，开展其他的智力活动几乎不可能，故以上这些讨论引起了大众巨大的兴趣，而正是这种兴趣才引来了成千上万的学生，他们聚集在知识渊博、思想敏锐和能言善辩的演讲者周围。正是这些讨论，才使得巴黎大学得以成立，并且赋予老大学以新的生命。

为了适当地评价在经院哲学家影响之下的大学教育，我们必须把神学想象为学习的主要课程，把亚里士多德的逻辑学想象为主要的研究法。确实，当时有七门学科——因为根据宗教的观念，数字“七”在心灵上具有象征意义，同时也是神圣之数，所以确定为七门学科。前三门称为“三艺”，即文法、逻辑学和修辞。这些学科是基础性的。余下的四门称为“四艺”，即算术、几何、音乐和占星术。最后一门学科包括天文学本身和通过司命星去占卜的技艺。这些学科是最高等级的学习课程。但是所有这些学科同样也是从属于神学的，这些学科全部被引入一个庞大的思辨体系，而这个体系是由演绎推理的种种形式所决定的。

因此，大学是教会的一种派生物，注定是要为教会服务的。它们“似乎通常产生自总教堂（cathedral）或大教堂（abbey）的学校，由教会的主教[①]任教；但是他的职责渐渐地流于形式，教学工作转而由那些接受了他所颁发的特许证的人去承担；那些人中间的某些人逐渐被学校聘用，因为当时在某种课程结束时，颁发这些特许证成为一种惯例，而与此同时，某种校外的人群则在学校的周围聚集起来，他们身处教堂的围地内并且受到教堂的保护。校外的人依仗他们的学位逐渐成为学院中的讲师，他们还负责学生住宿的房子（inn）、讲堂（hall）或者在校外的学生宿舍（hostel）——从而间接地或直接地导致产生了导师制”[②]。

学院不是大学自身的一部分。当学生成群结队地去听大学教授的讲座时，就有必要为他们提供膳宿。为了这一目的，就建造

① 主教（Chancellor），这一名称的来源是他坐在格子状的架子后面，或者是他经常会删除或划去一些文字。在罗马皇帝之下，被称作“chancellor”的人往往是一名公证员和书记员。在主教的法庭上，被称作“chancellor”的人则是主教的律师，他精通教会法规。——作者原注

②《季刊》（*Quarterly Review*），1840年6月。——作者原注

了学生住宿的房子、讲堂等，但这些都是暂时的，最后让位于学院。这些学院由慈善家资助建造，并且成为永久性的机构。最初，学院主要是提供食物和住处；后来，它们建造了一些回廊，“使那些用功的人可以退隐此处，生活在闲暇之中，免除生活的烦恼，思考和研究一般的艺术和科学；可是，当时的艺术和科学始终是作为神学的‘侍女’，艺术和科学在专业上和学术上都受到神学的束缚”。大学“原本是由政府当局创办、控制并赋予特权的，这是为了国家的利益”。学院“是大学的附属物，它们是伴随大学而产生的，是由慈善家个人创办、管理和资助的，这是为了某些受到优待的人的利益”[①]。

“在牛津大学最早的章程里，教学事务的管理并未交托给一批专门特许的教授。大学的管理和大学的教学工作一般是由大学毕业生们承担的。教授（professor）、硕士（master）和博士（doctor）最初是同义词。在一定的时期内，每一位大学毕业生都有一种同样的、公开进行教学的权利，并且所教授的学科内容是他的能力和学识程度所能够胜任的；不仅如此，在一定的时期内，每一位大学毕业生还有公开进行教学的义务（所教授的学科也就是他原先所学习的学科），因为这是授予学位的先决条件。学士（或者说是未全部完成学业的大学毕业生）的含义，从一种意义上来说，是作为一种锻炼，以便获得更高的荣誉，这对他自己是有用的；从另一种意义上来说，也是相对于所获学位的一种约定的工作，学士的教学工作能够帮助其他人，他的教学被限定于在一位来自相同学科的硕士或博士的指导下对讲座的内容进行解释。硕士和博士（或者说是已全部完成学业的大学毕业生）的

①《爱丁堡评论》（*Edinburgh Review*），1831年6月。——作者原注

含义，是在他获得晋升之后，以相同的方式被立即责成开始并且在一定时期内持续地公开进行教学（这种教学至少和他的能力相称）。不管怎样，因为对大学来说，只有坚持履行公开教学的这种义务才是必要的，而且这种义务在一定的期限内对于所有的大学毕业生都是强制性的，只要没有足够数量的志愿者出来履行教学的职责，大学毕业生的教学义务就是强制性的；因为学校属于若干学部（faculty），在学校中，只提供公共的和普通的教学，所以学校经常不足以容纳大量的学生；在这些大学中会产生以下这种情况，即最初那种必要的试讲期被一再地缩短，甚至在试讲期间允许分配大学毕业生承担实际的教学任务。与此同时，因为大学只有通过它们的董事（regent）才能达到其生存的目的，所以在大学的建章立制和管理过程中，只有董事们才被允许享受全部的特权。”①

最后，拿薪水的大学毕业生或者大学的董事成了常任教师；这些人是特殊的教授。随着学院数量的增加，他们的重要性提升了。他们被置于教师的管理体制之下，最后在一些特定的学院里开设讲座，这些讲座区别于大学所开设的讲座。

起初，学院中所进行的教学是为学生提供方便，并且也具有实用性，为个别学生提供一种今后从事特定行业的工作机会，这些学生或者是选择了这些行业，或者是为了补充这些行业中人员的不足。可是，除了德国之外，学院最后比大学本身更占优势。在欧洲大陆，学院并未独立于大学之外。正相反，学院的董事是从大学的人员中委任的，并且始终在学院的控制之下（董事来自学院）。“事实上，学院构成了如此多的小规模的大学，它们在一

①《爱丁堡评论》，1831年6月。——作者原注

所大学中形成了如此多的单位。”或者更确切地说，大学把自己分解到了各学院。在英国，情况则是另外一个样子。原先，大学的管理一直全部委托给大学教职员全体会议中的教师；只有取得了全部的资格以后，学院的院长和董事才享有学术上的治理权。在拥护主教的氛围之下，学院的院长被赋予最高的权力。在欧洲大陆的大学中，大学管理着学院；现在，在牛津大学里，学院管理着大学。因此，随之出现的情况是，经过学生宿舍的负责人的同意，学院的教师成了若干学生宿舍中的导师（tutor）。大学的教授和学院的导师现在成了竞争对手，随着学院院长对导师们施加影响，大学教授的影响就减弱了。在这里，我们不能去探讨这一演变过程的细节（而这一场伟大的革命是由这些细节所引起的）。但是，这种演变却是事实。

这一变革的影响似乎一直是灾难性的，并且把一种不合适的教学引入了英国的大学。通过从大学中接收有能力的教授，欧洲大陆的学院成了小规模的大学。通过以有学问的教授交换董事，英国的学院成了小规模的基础学校，而这些教师则经常经过批准被培养成导师。

现在，先不说一些形式上的问题（大学系统就是在这样的形式下发展起来的），让我们回过头来看学习的课程。纯粹的经院哲学的统治逐渐地屈服于一些更为普通的分支学科——古典著作研究、数学和自然科学。通过意大利的学校，古典著作的学习受到强有力的推动，由此也培养了许多著名的学者。早先是学习拉丁语，到后来是学习古典著作，这一方向的转变是自然的。在亚里士多德的逻辑学和几何学之间也有一种密切的关系。对于亚里士多德学派的哲学的学习引入了亚里士多德的物理学。把经院主义的方法运用于自然科学的研究确实使科学变得毫无价值，所以也就受到了培根[1]的蔑视和痛斥。不过，还是有进步的，人类的思想从对于经院哲学的有所辨别逐步发展到具有更大的自由和认识的空间。大学是理智活动的中心，在那里伟人不时地出现，他们引领人类思想的发展，直到培根的哲学改变了调查研究的方法，开普勒[2]和牛顿[3]揭示出自然界的真实体系。

也许人们一直期望的是，随着科学的进步，大学摆脱了全部旧的经院哲学的影响，并且开始新的和辉煌的发展历程。可是，这种情况看来似乎并非像新时代所保证的那样普遍。

法国大学中的变革是大革命的震动的结果，也是拿破仑的个人力量和影响的结果，而不是自然发展的结果。在巴黎，近代的科学和哲学学校一直是很著名的；诸如科拉德[4]、卡曾（Cousin）、基佐[5]、朱弗罗伊[6]、毕渥[7]和阿拉果[8]等人都开设了讲座，这些讲座几乎实现了一所大学的理想。

在英国的大学中，老的导师制和学院制还在继续实行。牛津大学已经几乎完全不承担数学的教学和研究任务，剑桥大学则已经几乎完全不承担古典著作的教学和研究任务。1810年4月的《爱丁堡评论》上写道："我们相信我们自己有理由说，有几年

---

① 培根（Bacon，1561—1626），英国哲学家，近代科学归纳方法的创始人。——译者注

② 开普勒（Kepler，1571—1630），德国天文学家、数学家和光学家。——译者注

③ 牛顿（Newton，1643—1727），英国著名物理学家。——译者注

④ 科拉德（Collard，1763—1845），法国政治家和哲学家。——译者注

⑤ 基佐（Guizot，1787—1874），法国政治家和历史学家。——译者注

⑥ 朱弗罗伊（Jouffroy，1806—1882），法国雕塑家。——译者注

⑦ 毕渥（Biot，1774—1862），法国物理学家。——译者注

⑧ 阿拉果（Arago，1786—1853），法国科学家，曾任巴黎天文台研究员。——译者注

中，就牛津大学的考试的科学性而言，它并不局限于学者的语言，而是完全依赖于亚里士多德学派和经院主义的逻辑学。根据我们所得到的最准确的信息，学院的讲座同样忽视了数学和自然科学；这些讲座不讲述近代伟大的科学发现，也不讲述那种导致这些发现的方法。少数人也许在一定的时间内会继续学习自然哲学，但是这种学习根本不列入一般的教育计划。就我们已经得知的情况来看，为了从公共考试的科目和一般的学习课程去做出判断，人们应该要想到，以往150年中所得到的伟大的科学发现的名声从未影响到牛津大学。"

从那时以后情况已经有了改善，并且更多的改善正在进行中(尤其是在剑桥大学)；但是也出现了一种无可置疑的情况，即英国的大学制度一直是有缺陷的（这一点很糟糕），它并未达到一种完善的程度（而英国大学的历史较长，本应发展得更为完善些），也未获得当时所应该具有的声望（而英国的大学也是从那时发展至今的）。1849年4月的《爱丁堡评论》写道："即使作为一种预备性的训练，人们是否能够找到一些实际的好处去证明大学的高要求的合理性？是否还有那些健在的人，他们能够说：大学中最好的或者最勤劳的学者和数学家也就是英国最好的律师、医生、哲学家或者政治家？（他们这样说到时候不是凭真相，而是凭着自己的确信程度）如果以上说法不是公认的事实，那么相反的情况也是显而易见的。目前，在威斯敏斯特大厅[①]里最著名的领导人中间，很难找到这样的人，他们的学术经历是通过学习数学知识或古典文学知识来加以区别或者获得荣誉的。学术上的差别最近以来一直影响英国人的专业和社会的生活经历，而且这

① 威斯敏斯特大厅（Westminster Hall），英国议会中最古老的建筑物。——译者注

种影响的程度很大（确实令我们感到吃惊）。”

作为一种总的体系，英国的大学仅仅向我们的学生提供一种非常有限的在学院学习的课程，并且这种学习是在导师的指导下进行的，学习结束时要进行学位考试。学位的获得看来好像是学习的伟大目标。无论是一种实用的原则，还是富于哲理性的教育，在这里都不起作用。但是大学生的学习确实可以获得较高的优等的成绩以及回报。并且毫无疑问，基于导师制，可以造就学识渊博和一流的学者。我们现在正谈论英国大学体制的特点，而不是谈论在这些历史悠久的学习场所中为那些愿意学习和进行封闭式学习的人所能够提供的机会。但是，像沃特利[①]和阿诺德[②]这样的终身教授在大学中的薪金也不高，或者他们的学生人数众多，但教授却被迫放弃收取适当的费用；因此，除了少数例外的情况，许多教授被迫去中小学担任校长，或者去了教会；有的教授不再公开授课，而是去一些学院担任学生的导师及研究员。事实是，英国的大学仍然背负着旧的经院哲学沉重的精神负担，受到劳德[③]所引导的变革的影响。英国的大学是具有古老形式的机构，它们不符合一个新的时代的要求。

因为大学从教会中产生，大学原来就是教会的机构，所以可以发现这些大学的情况和教会是一样的。在西班牙，经院哲学家长期受到爱护，牧师的权力可以管到任何事情，因此大学并未和

① 沃特利（Whately，1787—1863），英国逻辑学家、教育家、经济学家，曾任牛津大学政治经济学教授。——译者注

② 阿诺德（Arnold，1795—1842），英国教育家，1828年起任拉格比公学校长14年，其间对学校的教育方法和课程设置等进行了改革。——译者注

③ 劳德（Laud，1573—1646），曾任英国坎特伯雷大主教，1630—1641年任牛津大学校长。——译者注

进步的欧洲一起发展，而是停留在受到经院哲学和基督教会的控制的状态中。在意大利，大学已经衰退了。

宗教改革后的德国已经有了多么大的进步！在世界上任何别的地方，大学教育都没有如此大的扩展、如此丰富和详尽的内容。在宗教改革后的德国，如果可以看到的话，大学是作为模范的机构在向前发展的；从免费的公立学校（Common School）一直往上到大学，整个教育制度显示出一种理性的进步，这种进步令我们羡慕。在德国，教会的解放就是大学的解放。现在所流行的理性主义，无论它的错误是什么，它是一种强烈反应的征兆和一种必然的结果，当时所产生的理性主义反对基督教会的和学术上的权威的一些规定；理性主义的形成是靠着一股力量，而通过这一种力量，理性主义最终必须自我修正。苏格兰的大学已经展现出一种类似的自由和独立性，同时也没有陷入一种类似的过分的状态。苏格兰的大学带有一种很强的和普遍的学术氛围，它们也有一种与众不同的哲学流派，而这种哲学流派有很多优点；没有别的国家能够更加豁达地和更加坚定不移地去为非宗教的和宗教的自由做斗争。

现在，英国的大学显示出和教会的一致性，而大学原本出身于教会，并且附属于教会。在英国的教会中，一直存在两种强有力的东西，一种是对君权的热情，另一种是对使徒传统[①]的强烈信奉。许多新教徒并不关注以上两种东西，他们认为，亨利八世[②]虽然强制推行英国宗教改革并且为英国教会做出了新的规

① 指主教等的权力是由使徒开始各代相传而来的。——译者注

② 亨利八世（Henry Ⅷ，1491—1547），英国都铎王朝第二任君主，1509—1547年在位。他推行宗教改革，与罗马教皇决裂，使英国教会脱离罗马教廷，自己成为英格兰最高宗教领袖。——译者注

定，但是这些改革从未使英国教会完全地脱离罗马教廷。英国教会确实有了一位新的领袖，但是它保留了许多旧的错误的东西。大学同样也一直是英国保守党和高教会派[①]的堡垒。通过其带有一种罗马教会的思想倾向的出版物，并且通过某些成员的背信弃义的行为，牛津大学尤其在我们当今这个时代所扮演的角色显示出了它带有基督教会偏见的方向和力量。牛津大学被教会的影响所控制，这些影响使得该大学受到经院主义的束缚，使得该大学只能够敬畏过去，而不是引领学校随着哲学的觉醒和科学门类的扩展不断前进。

牛津大学和剑桥大学一直都没有一所哲学学院。在这方面，牛津大学和剑桥大学落后于法国、德国和苏格兰的大学。英格兰有一些哲学家，但是他们不开设讲座，在大学里没有设立相应的学院。培根、洛克和柯尔律治[②]对大学做了什么？大学又对这些人做了什么？基督教会的规定从来不可能允许一种自由的哲学运动。在这一点上，我们能够理解《爱丁堡评论》上的作者所断言的事实，即在牛津大学里的考试，“就它们的范围而言，它们在根本上是符合科学规律的，并不局限于所学到的各种语言，但它们完全依赖亚里士多德学派和经院主义的逻辑学；而新的逻辑学，诸如培根的《新工具》（*Novum Organum*）中所解释的那种逻辑学，则从未被提及”。剑桥大学的惠威尔[③]教授是一个博学的人，他著有《归纳科学哲学》和《归纳科学史》等，他在剑桥大学做了许多事情，旨在唤醒一种哲学的精神，并且在本质上为促

① 高教会派（high-churchism），英国教会中注重仪式等的一派。——译者注

② 柯尔律治（Coleridge，1772—1834），英国诗人、文学评论家，英国浪漫主义文学的奠基人之一。——译者注

③ 惠威尔（Whewell，1794—1866），英国皇家学会会员。

成教育发展过程中的明显进步而做出了贡献。一般来说，他的著作《论博雅教育》（*On Liberal Education*）是一本具有重大价值和影响的书。他在持久的学习和循序渐进的学习之间做了区分，而这种区分是重要的和具有启发性的；他对于人的能力的训练所采取的看法是富于哲理性的和高瞻远瞩的；他关于人文学科学习和数学学习的比例分配的看法是明智的，给我们留下了深刻的印象；作为推理能力的一种训练，他建议先学习几何学的方法、后学习分析（解析）的方法，这一建议是有见识的，值得所有人注意。

我们完全相信，英国的大学是可以改进的，并且正在变得更好。但是，因为受到高教会派的影响，英国的大学从来没有能够充分地发展它们那些超乎寻常的能力，在它们的区域内、在它们的管理下，也未能集中建立一些哲学和自然科学的学院，而这些学院本来可以由英格兰那些非常聪明的人和造诣很深的思想家所组成。在规定的指导下去钻研经院哲学是容易的，但是探究和创造性的思维必须是自由进行的，它就像飞行中的鸟一样自由自在——进行探究和创造性思维的人必须依靠他们自己天生的力量、在他们本土的环境中去推进他们的工作。有的时候，我们必须冒险沿着错误的方向去飞行，或者我们可以根本不飞行，除非这种飞行是一种令人讨厌的飞行，例如试图诱擒鸽子——在主人手持的线绳的一端拍着翅膀。的确，大学可以造就博学的人；但是，当我们说大学提供了物质条件供学生专注学习，在它们的教授和毕业生中树立了榜样，在和大学有关的方面显示出崇尚学术的精神，大学通过自我创造的研究和思维的力量去激励人们，使人们变得博学和聪明，从而准备着手从事一切伟大的和有益的工作（不管是科学方面的工作、宗教方面的工作，还是政府的工作），到了这个时候，大学是最应该受到称赞的。

我们已经把德国的大学说成是模范的机构。它们的优秀之处在于两个方面：第一，它们纯粹就是大学，没有掺和任何学院的教学活动。第二，它们作为大学是完整的，配备有图书馆等学习所需要的全部物质条件，聘有著名的教授来讲授神学、法律、医学、哲学、数学、自然科学、语言学、政治学、历史学、地理学、艺术的历史和原理等学科的知识，总而言之，讲授人类知识的每一个部分。教授的人数是如此之多，以至于有了一种适当的分工，对每一门科目都加以彻底的讨论。在大学里，每一个学生都要选择自己所打算学习的课程。学生必须对自己负责，同时也要用功。允许学生自由地学习；但是，如果学生希望成为一名牧师、一名医生、一名律师、一名政治家、一名教授，或者成为任何一所优秀的学校中的一名教师，他都必须通过最严格的考试，包括口试和笔试。

在德国的大学里，学院的教学是不存在的，因为这完全不必要，学生在被允许进入大学之前，他在文科中学（Gymnasium）里已经受到了充分的训练。没有文科中学，大学就将毫无价值。文科中学的课程包括以下内容：拉丁语和希腊语，难度在微积分以下的数学知识，普通历史，除德语之外的一门或两门近代语言，此外，如果学生计划学习神学，那还要学习希伯来语。考试的内容是全面的，要求也是严格的，试卷的评分是很精确的，不允许成绩低于二等的学生进入大学学习。

文科中学守住了大学的校门。而且，一个人如果自己没有做好相应的准备，他就不可能学习大学的课程。大学课程设定了一定的成绩标准，也要求学生掌握科学的基础知识。的确是这样，一个学生可以忽视自己上大学的机会，但他也就放弃了今后从事专业工作和在政府部门任职的全部希望。

德国的教育制度（尤其是在普鲁士）当然是一种极好的制度。不过我们在赞扬它的时候也完全不能说过头。德国教育的各个方面彼此是一致的，也是强有力的和持久不变的，德国的教育为社会生活的每一个部门提供了受过教育的人才，坚持进行大学教育，在知识的每一个分支学科中培养博学的、一流的学者和创造者，而这样做都是为了德国的利益和荣誉，也是为了人类的利益。

在对德国和英国的大学制度做比较时，值得注意的是，德国也有令人钦佩的公立学校体系，它是为大众教育服务的，而英国在这一方面是非常不足的。在一方面，针对令人鼓舞的普通教育，一种非常发达的大学体系已经取得了一定的成果，而在另一方面，一种隐居式学习的类似教士的特权还仍然保留着。

美国的学院是纯粹从英国大学中的学院复制而来的。学习的课程、大学校长和导师、课程的学习年限等，全部都是照搬英国的模式。我们已经看到，在英国的高等学校中，只有大学的名义还保留着，而与此同时，学院制或导师制则承担了全部的教育功能。在美国，一些学院自称是建立起来了，与此同时，它们很快就呈现出一种混杂的性质。教授是被指定了，但是他们仅仅是在高年级学生中履行导师的责任；结果是，真正的导师是助理教授，或者教授仅仅指导一流的学生。我们的学院从一开始也在所有的学科授予学位，而在英国，学位的授予权只属于大学。通过建立神学部、法学部和医学部，我们的某些学院已经更加近似于具备一所大学的形式和功能。通过采用大学和学院的称号（就像我们所倾向于做的那样），我们似乎在暗示：我们具有一些属于大学和学院的特征；我们认为，只要我们愿意，办大学是我们的权利。有的时候，大学想要获得更高的地位，只要建立一所医学院就行了；可是，医学院和别的学院并没有什么联系，只是大学要依靠医学院来授予医学博士学位。

如果我们正确地理解一所学院和一所大学之间的区别，后者并非必然就由一批学校所构成（而这些学校又分属不同的学部）。这些学校也许仅仅只是学院式的学校（collegial school）。一门大学的课程意味着它是一门预备性的、有导师指导的课程，通过学习这门课程，学生获得基础性的知识，形成学习和探究的习惯，在一定的程度上足以使学生聆听教授的讲座并受益，能够去图书馆熟练地查阅资料并得益，能够在文学和科学的不同领域进行研究。一门大学课程可以根据学生的意愿被无限地扩展。学生可以在这里接受最充分的富于哲理性的教育——它可能从一个分支学科过渡到另一个分支学科，学生根据自己对知识的掌握情况选择课程，接受他所需要的智力训练；或者，接受完一种适合自己能力的良好的普通教育，他接下去或者继续进行专业的学习，或者致力于某种特定的科学方面的工作，并且把它作为自己的职业。在德国的大学中，任何人（不管是他计划过一种完全的学生生活，还是计划使自己担任教授的职位）都可以在经过必要的考试之后，从他所在的学部获得从事教学工作的允许，但是这没有任何的薪金，只是作为一种教育的形式。一些特别的教授可从这些已经获得资格证书的人中间聘任，但这些教授的薪金不高。通常这些教授可被分为不同学部的教授。这些教授中的每个人可以给三个班级讲课，可以讲授他所喜欢的任何课程，此外，教授有义务讲授特定的课程（这在聘任他们的时候已经有所规定）。采用这种方式，一所大学里的文化生活就不断多样化和扩展。一所大学照字面意义来说就是一本百科全书，它收集了有关人类知识的各个学科的书籍，存放了各个种类的标本和仪器设备，这些东西能够帮助师生进行学习、探究和科学实验；大学中还有足够数量的合格的教授和教师，他们帮助学生进行学习，教师主要通过一些标准去指导和帮助学生，而教师的这些知识来自长期的学习和工作经验；教师还给学生开设讲座，这些讲座用新的思想去讨论每一门学科，而不是仍然停留在前人的结论中，这些讲座还经常介绍一些新的发现和观点（在向社会和外界公布这些新的发现和观点之前，往往会先在大学的讲座中加以介绍）。总而言之，大学计划为那些想要学习的人提供他们所需要或想要的各种帮助。

一所学院和一所大学的区别在于，学院是一所基础性和预备性的学校。一所学院也许直接和大学相连接，或者也许不相连接。学院和大学最初的联系在某种程度上讲是偶然的，在另一种程度上讲是必然的。有必要为那些成群结队来聆听博士或教授讲座的学生提供方便的住处。许多这样的学生也许需要个别的教育，这些教育既涉及预备性的学习，也涉及附加的学习，因此学院总是成为独立学习的地方，学生在专门指定的教师的指导下进行学习。在大学建立的早期，特别需要这种形式的学习，因为当时通常没有预科学校。

在德国，文科中学是真正的学院。我们相信，相比较英国或者美国学院中的教育，德国文科中学所提供的教育更加完善。在英国，有诸如拉格比公学（Rugby）、伊顿公学（Eton）和威斯敏斯特公学（Westminster）这样的学校（拉格比公学新近由阿诺德博士领导）；在美国，类似的学校通常被称为文实中学（Academy），当然还有其他的古典学校。以上所有这些学校都具有学院的性质，但是教育程度仍然较低。在从古典学校向学院转化的过程中，学生的学习实质上并未改变，也不是一种训练。因此在美国，一名学生可以在文实中学里完成学院的第二年、第三年甚至是第四年的学习。在学院里，也许缺少一些适合于青少年的训练，但是通常也有更大的好处。不管怎样，学院的主要特征就是具有授予学术性的学位的权力。因此我们可以说，文实中学是为进入学院做准备，而学院的学习是为获得学位做准备。在英国，学院直接和大学相连接。但是，看来好像大学已经被废弃了，唯独学院还继续存在。

在我们的国家里没有大学。无论我们选择什么名称来称呼我们的学习机构，它们都不是大学。它们通常没有图书馆和学习的设备，也没有大量的教授和课程。同时我们也没有大型的和自由的组织去组成一些大学。神学院、法学院和医学院与一些学习机构的联系也不会给予这些机构以大学的资格。对于法律和医学而言，并不要求一种全面的预备性的古典式训练。在这一方面，学习医学的学生最缺乏古典式训练。法学博士学位的授予数量最少；法学院和神学院从未把法学和神学的博士学位授予那些新近开始从事专业工作的人。神学院比任何别的机构更为接近大学的资格，因为通常要求一种学院式的训练，以便为担任神职工作的人做准备。

我们学院中的课程是从英国照搬而来的，在最初设置这些课程时，修业年限固定在4年。那时候，学习内容比现在少得多，所以对知识掌握得更全面、更准确。那时候，虽然要求学生学习的内容相对较少，但是，学生对于所要求的内容能够完全掌握，因此学院能够进行一种较好的智力训练。随着科学的快速发展，就产生了以下这种情况，即学习的课程大大地扩展了。我们仅仅把许多学习的内容塞进4年的课程中去，而不是去建立大学。其结果是灾难性的。由于混乱和不自然的压力，我们毁坏了学习的可爱之处，并且使我们的学识变得模糊和肤浅。我们没有通过自然地提供知识从而去提供思想。我们没有通过指引学生参加意义深远的活动从而去训练他们的头脑。但是，我们已经激发起学生异常的努力，他们似乎也已经学到了一些东西，就像某些实际情况中的那样，有的人从一本百科全书中仅仅知道了某些学科的名词，但并未理解这些学科本身。

"在全部4年当中，有160个星期的时间用于学习。假设学生学习20门分支学科，这意味着用8周时间学习一门学科。第一年的 $\frac{7}{8}$ 和第二年的 $\frac{1}{2}$ 的时间用来学习拉丁语、希腊语和数学。如果我们从160中减去55，那么160周就去掉了55周，就还剩下105周的时间用于学习其余的学科。这样，其余每门学科的学习时间就只有6周多一点。但这还不是问题的全部。为了在4年中学习如此多的科学知识，学生经常被迫在同一段时间里学习5门或6门学科；在一周当中，有的学科要学习3次，有的学科要学习2次，有的学科要学习1次。在这种学习方式下，所有思想的连续性被打断了，学习书本的积极性也几乎被搞得荡然无存了。在或高或低的程度上，这些就一直是我们所有的学院所学习的课程。在课程中所规定的学习内容越多，相信所给予的教育内容也就越丰富。当一所学院不能够提供如此广泛的教学内容时，这就被认为是一件不幸的事情，没有什么东西能够掩饰这一点，但是学院的经济能力有限，这也就相应地减轻了它的责任。"①

同时，我们一直在扩展这种学习的课程，也一直有一种趋

①《布朗大学报告》(*The Report of Brown University*，第15页)。——作者原注

势，即减少进入学院之前的预备（预科）学习的内容，而这种预备（预科）学习原本被认为应该是和今后所要学习的课程成反比的。我们想要做较多的事情，而相应的准备工作则做得较差。但是这也许是可以预期到的。学院里一种草率的学习制度将必然在社会上导致一种草率的预备（预科）学习的习惯。最高的教育机构将定下整个教育的调子。我们所认识到的这一点会在各级学校以及男子学校和女子学校中均成为现实。在男子学校和女子学校的学校简介中都介绍了一种很难的学习课程，16或17岁的人还未成年，而他们要完成数学、自然科学、通史、历史哲学、纯文学、形而上学以及2至3种语言和各种各样高雅才艺的学习。这些高等的分支学科也经常在一些讲座中进行讲解，它们更适合于在大学里讲解，而在基础学校里则不太适合进行讲解。教育的普及这一概念并不是指人的头脑按照其固有的规律去有序地和逐步地发展，而是指一种对众多知识的如饥似渴的吸收，在这种吸收过程中，头脑的理解能力是按照一种对知识的狂热程度来估量的，而学习的科目又是依据这种狂热程度来安排的。教师越多，书本越多，在一段特定的时间里所学习的知识越多，则教学的过程就越快。我们从事教育工作，就如同我们赚钱，建造船只、房屋、铁路和运河。即使在这些经济工作中，我们实施过程中的狂热性也不是证明“工作成果优秀和稳定”的可靠的征兆；但是如果狂热能够保证“优秀和稳定”，我们还是忘了：虽然我们能够加快双手的动作，增加我们机器的力量和扩展活动范围，但我们不可以使生理器官的机能负担过重；如同树必须要有生长的时间，果实要有成熟的时间，因此人的智力必须从婴儿期过渡到儿童期，从儿童期过渡到青年期，从青年期过渡到成年期，每一个时期的人都有其特别的力量和能量，所以每一个时期的人都需要有针对他们的教育；许多事情可以在成长的某一个阶段加以完成，而在另一个阶段就不可能完成；不仅如此，因为人的心理能够永恒地发展，所以有些方面的能力将留待未来去训练。

我们已经把学院的数量增加到了120所，也就是说，每一个州大约有4所学院。我们已经大大地扩展了学院的学习内容。我们已经减少了教育的花费，我们已经降低了教育的成本，我们已经使教育在低于其应该具有的成本之下去实施，我们甚至已经放弃了教育。社会已经如此慷慨地拿出钱来，使得接受教育已经几乎成了免费的事情，以哈佛学院作为一个实例，每一名毕业生几乎要花费社会资金1000美元。还有，据《布朗大学报告》透露，我们已经降低而不是提高我们的学术成就的名声。“所有的学院都教授希腊文和拉丁文，但是我们哪里有精通古典语言的学者？所有的学院都教授数学，但是我们哪里有数学家？关于在我们的学院中所教授的其他学科，我们可以提出同样的问题。近20年来，对于民用工程师的巨大需求一直都存在。但是我们的学院满足了这一需要吗？我们相信，独一无二的西点军校（Academy of West Point）每年毕业生的人数要少于我们的任何一个学院，但是它对于铁路建设所做的工作要多于我们所有120所学院合在一起所做的工作。”

“以上这种制度对于教师思想的影响同样是显而易见的。通常他必须按照别人所编写的教材进行教学。他的思想能够对学生的思想起作用（但是这种作用是有缺陷的）。为了弄清楚学生是否已经学会了每天的功课，背书回答问题通常要占用相当的时间。教师不能够按照自己所希望的教学方式去规划一门课程，但是他必须尽可能地在分配给他的断断续续的时间内进行教学。对于他所教授的书本，他很快就熟悉了。他没有动机去增加他的知识，而这种动机本应源自他毕生所从事的工作。他已经懂得了许多，而这些知识的数量已经超过了他有机会去讲解的知识的数量。所以也就没有任何激励因素去促使教师更努力地工作。这样也就没有机会进步。其结果是很容易预见的。有的时候，一位教师对其他的事情感兴趣了，而他的本职工作却变成了第二职业。这对于专业工作的成功是致命的。在其他情况下，教师无可奈何地从事着自己那种一成不变的教学工作，并且最终爱上了这种工作；最后，他完全放弃了他的职业，进入了生活的另一条道路。”也是据同一份报告所透露，尽管努力去扩展学习的课程内容和降低教育的费用，但是，受教育的人数在下降而不是在增加。

此外，就通过同样的奋斗目标去提升专业的声望而言，我们有理由相信，“每一支专业的教师队伍和档案馆拥有的卓越人才的数量的比例都比上一代人要低。我们力图引导有能力和有事业心的年轻人来从事教师的专业工作，但是这件事似乎做得不太成功。其他领域在持续不断地吸引具有较高地位的人才，包括从法律界或者甚至从神学界吸引人才。制造业的工作者通常没有接受过学院的教育；而且，无论什么样的学校都不是为了工人的利益所建立的，然而，就影响、能力和一般的智力来说，工人在生产专业方面的地位已经远远超过他们在30年前所拥有的地位”。“人们在社会中最渴望得到的职位，我们最高立法机构的席位，甚至驻外使馆，都期待成功的商人或者工厂主的加盟，他们中从政的人数不少于知识分子从政的人数。更有甚者，以前认为学院教育对于一种专业而言是必不可少的，但是持有以上观点的人数在一定时间内已经快速地下降了。人们逐渐怀疑，我们所学习的课程是不是最适合于为今后从事专业工作做准备的”。其推断的结果就是，具有突出才能的人回避学院教育，而采用某种其他的教育方式。

该报告也显示，尽管学院在它们的组织中对于福音传道师的教育有一种特殊的看法，也一直受到一些教育协会的帮助，但从事宗教职业的年轻人的数量并没有随人口的增加而同步增加。在这一点上，有一个事实是能够充分说明问题的。新英格兰的6所神学院的学生加在一起仅仅比20年前的学生人数多了8人。

我们学院的状况被描述成这样，以至于需要加以改善，不仅要使教学的课程更加具有吸引力，更加适合于满足社会的需求，而且在许多情况下还要使学院免于破产。学生数量的不足，再加上学费低廉，使得学院的收入不足以支付当前的开销，尽管学院已经收到了一些捐赠。在这方面，布朗大学①也是一个实例。

可以表明，如果学院能够更好地适应我们国家的状况，它们就能招来大量的学生；如果学院能够办得更好，也将能够增加它们的资源。

学院的缺陷在于，首先，把过多的学习内容压缩到4年的学院生活中，这样的教育是肤浅的；其次，对于学习的要求仅仅是为学术的专业做准备，尤其是为古代语言研究这样的专业做准备；再次，忽略了那些尤其适应商业、制造业和农业的分支学科。

该报告建议，依据以下的原则重组学院，以此去除上述缺陷。这些原则是：

第一，废除固定的4年期限，并由此在不同的分支学科领域

① 布朗大学是美国著名私立研究型大学，位于罗得岛州。1764年创建时称罗得岛学院，只招收男生。1804年改称布朗大学。它也是美国常春藤联盟成员校之一。1971年后男女生同校。——译者注

另外设立学习的课程，用于每一门课程的学习时间只能由该门课程自身的性质来决定。第二，在学校章程所规定的范围之内，允许每一名学生选择他自己的学习科目以及同一时间内他所要学习的课程数量，除非在这些方面，家长或者监护人把学生置于学部的指导之下。当开始学习以后，每一门课程都应该完成，不能中断学习；但是之后又可以增加学习任何其他的课程。第三，任何学生都可以在学院法人所规定的学习科目上经过一种考试而获得学位；但是并不要求学生获得学位。每一名学生在他所学习的每一门课程中达到熟练掌握的程度之后，都将被颁发一张证书。

所建议的课程数量是15门。这些课程包括古代语言、近代语言、纯数学、一般的自然科学、法学、英语和修辞学、道德和理性哲学以及政治经济学、历史、教学理论、农业原理、化学和普通科学在艺术中的运用等。

如果所建议的变革有助于增加学生的数量，并且因此支持学院和增加受教育的人数，那么这些变革就将达到一些必要的和重要的目标。如果这些变革进一步打破单独设立农业和工业学校的方案，把所有的教育机构和所有接受高等教育和攻读学位的学生集中在我们的学院里，那么这些变革将导致一种重要的教育上的集中化。更有甚者，如果这些变革能够提高教育的标准和产生更为实在的学业成绩，那么这些变革就值得我们予以最充分的考虑。

学院学生人数的增加，教育机构的集中和在学院中接受教育的人员的集中，也许仍然仅仅是一种暂时的成功。新的爱好和计划也许会产生，而它们也许会再次导致学生人数的减少，并且产生更加大众化的机构。但是，一种变革如果能够持久地提高教育的标准和产生实在的学业成绩，那么它就是一件好事，并且应该由某种别的标准，而不是以学生人数的多少来衡量其成功与否。少数具有卓越才能和文化素养的人与一大群老练的经验主义者相比，前者可以为一个国家做更多的事情，他们也许没有系统地接受过高等教育，但是却成功地以学识而闻名；他们没有偏见，敢于担任最神圣的社会公职。仅仅通过一些新奇事物的影响，例如布朗大学的变革，就吸引学生蜂拥前往那种尚处于实验开始阶段的机构。因此，这将不会被接受作为检验学院价值的一种标准。但是在另一方面，当一时的大众化教育被终止的时候，只有少数伟大的和起带头作用的人涌现出来，并且在这些新的做法的保护下继续涌现出来，到那时，学院的特征才将被固定下来。

教育中的问题，如同宗教中的问题一样，不是人们希望什么，而是他们需要什么。在决定我们教育机构的形式和品质的时候，我们必须要服从以上这一点。现在，当人们问道：我们在教育的方式上需要什么？我们可以这样回答：我们需要使人们很好地适应专业的活动，使他们在制造业、农业和商业等方面适应世界上的一般工作。或者我们也可以这样回答：我们需要根据富有哲理性的或完美的观念去培养人的理智。或者我们还可以回答：我们需要所有的知识，但这些知识的学习具有适当的顺序和比例。毫无疑问，以上最后一个回答将是正确的答案。我们的确需要所有的知识，但这些知识的学习应该具有适当的顺序和比例。纯粹的专业性机构将不能满足我们的需要，因为不是说我们中的所有人都要成为专业的人员。纯粹的农业、工业和商业学校将不能满足我们的需要，因为并不是我们中的所有人都要在这些部门里工作。我们也不能只有商业学校而没有农业或工业学校，因为我们只是一般地说，要使我们的教育适应于生活中的实际事务。

当我们问起“何谓适当的顺序和比例”时，它就是一个更为严肃和更难以回答的问题。我们相信，只有当富有哲理性的或完美的教育观念自成体系的时候，当这种观念如同一种无孔不入的光和热那样影响教育的每一个阶段的时候，适当的顺序和比例才是存在的。人类的心灵应该受到教育，因为这种心灵是人类的心灵。人类应该接受训练，从而学会思考，学会推理，学会使用大自然所赋予他们的全部才能；他们应该形成一定的品格、具有人生的价值，应该能够担当人类的责任。这应该是整个教育（各种程度的教育）的指导思想，其目的是适应人类的各种生活。当我们看问题的眼光较为短浅时（认为教育只是为一种特定的技能或专业做准备），我们将不能发展人的智力的全部力量，不能传达行动的最高准则；而当我们的眼光更为长远时，我们的目的直接就是发展人的智力和告知行动的最高准则。我们并非以这种方式去消除教育的实践特征，如果在工作面前没有大体上确定教育的职责和特定的教育机构（在这种机构里，社会要求相关人员提供服务，尤其是受过教育的人应该提供服务），那么智力的发展就不能实现。就像之前那样，我们现在开始研讨那些由学者所从事的专业，或者选择某些有用的技术和行业，但是我们在这样做的时候，就如同人们已经了解了这些专业、技术或者行业，已经形成了他们最强的能力。不管这种训练多么有限，它还是会依据一些正确的原则去加以实施。

至于我国教育制度中的缺点，我们已经同意《布朗大学报告》第一部分的内容；我们相信，由于想要在规定的短时期内得到过多的东西，教育已经变得肤浅了。其他的缺点并未给我们留下如此强烈的印象。对于学院教育的考察并未表明它特别适合于那些由学者所从事的专业，除非在相应的篇幅中对拉丁语和希腊语进行评论。的确，该报告承认，它的评论并不十分适合那些由学者所从事的专业；在标准的制度下，好的古典文学的学者就像好的数学家和民用工程师一样稀少。我们的某些学院也已经引进了一种科学的课程，它和古典课程不同，它提供机会为其他形式的生活做准备（而这些生活是在那些由学者所从事的专业之外发生的）。我们也认为，想要完成一种综合的智力训练，让学生做好准备，以便今后积极承担任何领域中的职责，这样的教育理念在我们的学院体系中一直都是存在的。可是我们也承认，这个理念一直没有很好地得到落实，因此也就没有取得实效。我们一直想要做一些伟大的事情；我们已经把我们的学院称为大学；我们已经试图把我们的课程门类扩展得越来越多；我们似乎一直都在努力，试图提供各种可以想象得到的设备。然而我们只得到了一种肤浅的和不充分的教育。

我们可以在别的地方发现我们的重大错误吗？因为我们以前允诺得多，但实际上并未履行诺言，所以我们就不能唤起人们想要接受高等教育的普遍愿望，也不能招收到学生。因此我们名声扫地，有能力的年轻人设法在没有我们帮助的情况下，自己做好面对积极生活的准备。关于这一点，我国的商业气息，再加上通向财富的多种途径（这些途径在人的事业面前是开放的），就造成了一种不喜欢学习的态度，而这种态度对于教育是非常不利的。工厂主、商人和淘金者等，他们在自己的行业中将不会暂停下来而去追求文化知识方面的造诣。当他们获得知识的时候，他们却正在丧失挣钱的机会。我国的政治条件也是如此，以至于一种高级的教育和一种高级的才能通常无法作为必定成功的保证。蛊惑民心的政客的圆滑战胜了学者和有才华的人的才艺。

把这些原因放在一起，我们所目睹和痛惜的现象就可以得到解释了。如果我们的学院既不能提供一种完善的和高尚的教育，同时在获得财富和政治名声的过程中也不具有优势，那么在这种时候，我们的学院在自鸣得意中就被人忽略了。

我们已经成倍地增加了学院的数量，以至于把学院开到了每个学生的家门口；我们已经成倍地增加了学科的门类，以至于每个学生都有足够数量的课程可以学习，同时满足学生在学习上的抱负（如果说所有的知识都应该学到的话）；我们已经减少了教育的花费，以至于每个人都能够承受；我们已经保持了在4年中的短学期的制度，以至于不需要把生活中的大部分时间花在学习上；并且我们已经使入学的条件也变得十分容易。如果所受到的教育有助于我们挣到钱和赢得政治上的影响，那么现在所有这些都有助于这些机构的普及。但是这种情况没有发生，我们的教育没有得到一个商人的尊重，也没有得到一个像我们这样的政治机构里的人的尊重。

纵然我们的教育制度应该变得更加完善（这需要更多的时间），我们还是没有看到我们的教育对于那些挤入商业潮流和怀有政治抱负的人具有一种强烈的吸引力，与此同时，没有接受过高等教育的人仍然可以取得很大的成功。因此，“使我们的学院适合社会大众的特征”这种理念不一定能够保证取得重大的成果。这些学院不适应我国的商业潮流和政治风气，也不符合那种富于哲理性的或理想的教育观念（那种观念是自成体系的）。难以预料试图使学院适应我国的商业潮流和政治风气的做法能否成功。但是我们能够使学院符合那种富于哲理性的或理想的教育观念；这样做，我们就将满足人类智力的各种需要和社会的各种需要；因为，如果我们把人作为人去教育，我们就能够使学生做好准备，将来承担各种责任和义务。依据这种原则去教育人，我们应该能在一定的时候培养出真正伟大的榜样人物；知识的魅力、力量和高贵之处将是大家都明了的。而且教育的作用将更加突出(的确如此)，教育不仅仅使学生做好准备，将来能够敏捷地从事世间的事务，教育还应该帮助树立人类的最高目标；正如约翰·弥尔顿[①]高瞻远瞩地说过，“学习的目的是通过重新正确认识上帝，去弥补我们人类的始祖[②]在道德上的堕落，并且由于认识上帝，从而热爱他，模仿他，成为像他那样的人，通过使我们的心灵拥有真正的美德，我们可以最接近他，所有这些结合在一起，再借天神之力实现信仰的皈依，从而臻于完善，达到极致”。采用这种方式，我们应该施加一种强大的影响力，用以抵制那种过度的商业气息，抵制现在所盛行的煽动主义的诡计和自私。因此，值得培养的人总是会参与社会的所有事务，使技术、商业和政治等换上一种新的面貌，并且一种品格高尚的爱国主义和善心将会到处显露。到那时，人们就会明白，伟大的理念和基本的原则比所有的技术、圆滑以及权宜之计的施展等都更为强大和更有创造力。到那时，许多的雇佣文人、树桩演说家、抱有偏见的人以及有党派的人等将会在那些见解正确的作家，真正的诗人，高尚的和真实的演说家，造诣深厚的哲学家、神学家、政治家等面前让位。我们应该有一种完美的全国性的文学，有一种自豪的国家荣誉感。

为了形成这一伟大的变革，除了按照同样的模式成倍地增加学院的数量、掀起出版教科书的高潮、对一种易于建立的教育体系（这种教育体系充满了各种主张和有希望的允诺，但是缺少富于哲理性的和适合男子的训练）进行实验之外，我们还必须做一些事情。

---

① 约翰·弥尔顿（John Milton，1608—1674），英国诗人。——译者注
② 根据基督教的《圣经》，这里指亚当和夏娃。——译者注

按照同样的模式成倍地增加学院数量只会增加我们的困难。我们着手建造同样类型的建筑物；我们聘用了同样数量的教授，由他们根据同样的原理去教同样的知识；我们把一些图书和某些书中富于哲理性的注解集中在一起；我们每年举办毕业典礼，在典礼上有人发表演说和朗诵诗歌，同时还授予各种学位；我们背负着债务的压力，向公众提出同样的呼吁，请求他们帮助我们摆脱债务的压力；由于我们廉价的教育，许多人都受到了教育。我们经历了一种同样的渴望，即渴望招收尽可能多的学生；在有的地方我们收不到钱，这也是一种现象，但我们表示同样愿意免费教育那些愿意接受教育但是付不起学费的学生。在所有这些情况下，我们现在并未改善什么东西；但是我们正在把所有尊贵的东西从我们的教育体系中拿走，也正在证明我们教育的不适当性。

在这个时候，进行某种不同的实验是可取的——这是一种新的实验，如果我们能够把该项实验进行到底的话。如果我们能够让这种实验开始，并且持续进行，那么我们就能知道它的结果必定是什么。在我国，大学的建立将会变革我们的教育制度，并且只有建立大学才能够变革我们的教育制度。关于大学的含义，我们在前面已经描述过了——教育的百科全书：在大学里，在各个图书馆里，有各种标本和设备，还有教授。大学提供这些，是让学生能够充分地学习各种学科的知识，是要推进所有的科学研究活动；在大学里，学习可以无限制地扩展，可以根据需要培养人的智力；在大学里，人们对于不断增多的知识和逐渐成熟的学术怀有极高的热情，那些华而不实的学术证书反倒被人们遗忘了。当我们有了这样的机构，未来那些学生就有地方可以成群地受教育；那些具有学习天赋的人就可以有地方去发挥他们的才能。随着这种机构的充分运转，大众将开始理解学术意味着什么，分辨出一知半解的人和学问高深的人。那时，我们将不再会听到关于抛弃拉丁语和希腊语之类的权宜之计的那种毫无意义的讨论；因为大学里将有古典文学的学者，他们有机会展示那些不朽的语言的价值，展示古代最有教养的民族的不朽著作。那时，我们将把数学家培养成天文学家和工程师。那时，我们将有一批哲学家，他们能够脱离课本进行演讲。那时，在学术性教育和实践性教育之间，我们也将不再划分出明显的界限；因为人们将认识到，所有真正的教育都是注重实践的，离开了教育，实践就毫无价值。而且在大学里，处处是学问和学者，到处都显现出尊严、优雅和不可抗拒的魅力。

这样，富于哲理性的教育理念就在一种最高形式的教育机构中发展起来——只有在那里，这种理念才能够充分地发展——这种理念将对大学所有的下属机构产生影响。现在将会要求做好一种准备，以便适合于从事较高程度的学术工作，一些学校和学院将会受到新的推动，并将决定适合它们的办学形式。我们目前将不再试图在一些较低级的学校里蜻蜓点水似的学习所有的知识；但是我们要学习一些必不可少的知识，因为那是为今后接受高等教育做准备的。高等教育的影响应该涉及基础教育的限度、秩序、连贯性和完善性。关于智力训练的一些新理念、关于高尚的生活和职责的观念等将会传遍所有学校的各个年级（包括男生和女生）。现在，教育有了一种权威的说法，可以解释教育的含义；教育有了一些实例，可以说明教育的作用；教育有了一种神奇的声音，可以使教育振作起来。

如果我们没有浪费我们的资产和精力，我们在这以前就已经有大学了。我们已经浪费了大量的钱在许多不同的地方建造昂贵的校舍，但是招收的学生人数并不多；原来这些钱用于若干所靠不住的学院，但如果把这些钱集中起来拨给一所固定的大学，就可以使其拥有足够的书籍和所有的学习材料，并设立一些教授的职位。

某些州（诸如纽约州）已经从一个学术基金中拨出一大笔钱给公立学校，在这些州，这些钱通过上千个渠道分散于各校（但各校得到的钱并不多），其结果只是使学生接受教育的费用再低一些（比现在已经很低的费用再略低一些）。马萨诸塞州没有学术基金，但是也一样拥有免费的公立学校体系，不过也许这一体系比不上纽约州。公立学校不希望给自己的资助减少。但是根据一种显而易见的政治经济学的原理，这种基金也许可以集中成为一股力量，使得纽约州的一些学院或大学预科以及大学成为一个有组织和有联系的体系，而这将证明：纽约州想要在一种重大和崇高的意义上成为大“帝国州”（the Empire State）的主张是有道理的；并且使得纽约州在其教育发展的进程中领先于世界上任何一个城市。

布朗大学在《董事会报告》（*The Report of the Corporation*）中提出的变革（我们对于这些是理解的，后来已经被实施了）表明：希望使我们的某些学院处于一种更高级的组织之内的想法并不反常。到目前为止，这种机构仅仅是一所学院，但是就它所获得的捐赠、它的图书馆和教师队伍而言，它在我国是最好的机构之一。就它的学生人数而言，它也一直是最受尊重的学校，然而，它发现一种变革是必要的，并且它敢于进行变革。

这种新的组织有某些特征，它很有一所大学的样子。所讲授的课程的数量、允许学生选择的自由、固定的4年期限的废除、根据每一门课程本身的性质所规定的每一门特定课程的学习时间的长短——所有这些似乎都是一所大学的特征。但是《董事会报告》并不建议去掉其机构的学院的特征，而仅仅是想要改进其机构。《董事会报告》最主要的想法是，首先，给予每一门课程更多的学习时间，或者不提出过分的要求，只要求学生把课程学好，以此创设一种更好的学术氛围；其次，使学校适应所有社会阶层的需要；再次，通过使学校更广泛地适应社会，从而招来大量的学生。

只有这种实验才能够确定所提出的变革是否将实现以下这些想法，即改善教育并且更广泛地普及教育。我们相信，试图改进我们学院式的机构（这些机构具有一种如此值得尊重的根源），这种想法必然会在以下方面产生影响，即使得其他的机构考虑是否有必要把改革引入我们的教育体系。我们真诚地希望这一实验可以证明是成功的。并且因为布朗大学的法人在进行目前变革的过程中，保留了再进行进一步变革的权力，如果有需要，我们将抱着以下这样的希望，即在推进这一实验的过程中，但愿有人领导布朗大学的人员确立如下决心——使布朗大学成为一所严格意义上的大学。到目前为止，我们并未看出关于一所大学的合理的理念。

要使一所高等学校适应年轻人的需要，“而这些年轻人正致力于从事制造业”，这样的观念就暗示着：尽管一些学生没有学术性学习的基础和准备，但是高等学校也要接收他们，而且，一些为“制造业”所开设的课程因此也将是非常基础性的。对于那些从事商业和制造业的年轻人而言，对于那些打算根据科学的原理去管理农场的人而言，这里所建议的课程无疑是非常有用的。所预期的学生人数的增加很可能主要来自这些种类的青年。这样，不再像老的学院那样讲授希腊语、拉丁语和数学，我们不应该建立一所大的商学院吗？在这所商学院里，不再和古典学科有太多的联系，也不再给我们留下所谓学术的价值和高贵的深刻印象，而仅仅为学生今后从事工业和生产方面的工作做准备。当学习制造业相关知识的学生成为压倒性多数并且形成了集体精神的时候，我们担心，学习拉丁语和希腊语的学生将会很少见了——这些旧式的学生为了他们自己的理想而追求科学和哲学，并且渴望得到很大的智力发展以及获得渊博的学识。

这一新的组织能否提升学术的质量，对此我们并不抱有信心。例如所制定的原则之一是："就可行性而言，各种各样的课程应该这样安排：每一名学生可以学习他所选择的内容，学习所有他所选择的内容，可以不学习他未选择的内容。"原打算这条原则是要被普遍实行的，除非家长或监护人一定要把孩子置于教师的权威指导之下。现在有可能发生的情况是，一名学生选择学习的内容太多或者太少，或者恢复了那种老的不好的做法——试图学习太多的东西，以至于只学到了浅薄的知识，或者走向了事情的反面——只选择学习极少的东西，以至于留有过多的闲暇时间。于是我们不能忘记：这些学生相比较那些通常进入学院学习的学生来说，前者的程度并不比后者高；这些年轻人，他们用功学习的习惯还有待形成，他们的判断力还有待成熟，并且不像德国大学里的学生那样，那些大学生已经成人了，在文科中学多年的训练之下已经形成了良好的学习习惯。因此，当这些大学生在选择他们所要学习的课程的种类和数量的时候，我们可以推断他们已经有了站得住脚的理由。

对于所有那些正在致力于学习制造业相关知识的人能否使相关的一些学院成为最好的学校，我们并不抱有信心。某些人希望成为特别有技术的人，他们将发现这样一所学校是相宜的。但是在大量期望从事制造业工作的人中间，多数人会倾向于学习一种内容更为狭窄的课程，尽可能早地开始他们的学徒训练期。不管一些农业和商业学院发展到什么程度，我们确实对它们有怀疑。我们相信，免费公立学校能够广泛地得到改善，或者一种程度更高的学校能够被建立起来（这种学校从免费公立学校直接发展而来）。在这些学校里，农业原理的教学包含了化学的内容，还有化学和其他自然科学应用于艺术的教学等，这些教学活动能够更为恰当和成功地开展起来。

据我们看来，似乎布朗大学这一法人计划是有缺点的，因为该计划试图把三种不同程度的教育合并在一所学校里实施，而如果在三种不同种类的学校里实施这些教育，那就更加富于哲理性，也能够更加成功。在这里，我们把大学、大量的学院以及大量的商业学校、工业学校和农业学校的某些东西结合在了一起，在这种结合的过程中，某种成分可能会更重于别的成分，但是在其中，三种教育的和谐进行、所有教育的适当发展的局面是很难想象的。但是，就算这一计划的后面会采取一种合理的、争取成功的措施，那么，至少该计划也应该通过招收一定数量的学生加以维持，但是该计划还是不能够满足我国最高程度教育的需要。的确，这种需要也是各国的需要。只有把富于哲理性的教育进行到底，才谈得上一所大学的建成。

我们对布朗大学的实验不怀敌意。该实验的结果越好，我们将越高兴。如果看起来我们已经在自己的评论中出错，我们甚至会很高兴地承认我们的错误。《董事会报告》是一份令人钦佩的报告，它用一种强硬的和态度鲜明的方式指出了我们学院制度的不足之处。该校的朋友们目前正在做出很大的努力，以便把开发新计划的手段置于该校的控制之下。我们不能不对这一实验抱有一种强烈的同情，无论这一刚出现的运动可能有什么缺点，我们重申：我们将抱有希望，一种文化机构的最好形式最后可能由这一运动而产生。

另一个旨在改善我们教育制度的计划在一份很有水平的报告中有描述，这份报告被提交给罗切斯特大学董事会（the Trustees of the University of Rochester）[①]。在此之前，董事会曾经任命了一个委员会来为该校起草一份教学计划。

罗切斯特大学自称并不是一所严格意义上的大学，实际上，该校只打算开设一种学院性质的教学课程。那份计划旨在使这种课程更加有效，该计划坚决主张，新生入学前要有一种适当的和完善的基础；该计划打算使学生要适应4年的学习期限；该计划采用两种课程——古典课程和科学课程——以适应两个不同种类的学生，前一种学生作为文学学士（Bachelors of Arts）毕业，后一种学生作为理学学士（Bachelors of Science）毕业；该计划把那种随意的方案限制在对这两种课程的选择上；该计划要求学生掌握所规定的学习内容，决定实行严格的考试制度，对于在该计划实施以前进校的学生，仍然给他们颁发入学时原定的学位。提交给罗切斯特大学董事会的报告在一个句子中表达了该报告的一条主要的原则："我们需要使'熟练'（thorough）这个词在我们所有的讨论课（seminary）和教学方式上留下印记——在每一位教师的心中、在每一名学生的日常学习中留下印记。"

上述报告充满了恰当的和极好的教育观点。

就我们的论题而言，对上述计划本身进行批判性的考察是不必要的。我们只是说，我们所反对的一些特征是那些在目前我们

① 罗切斯特大学是美国私立综合研究型大学，位于纽约州北部的罗切斯特市，1850年创办。它的音乐、光学和金融等专业尤为著名。——译者注

教育制度的局限之下所不可避免的东西。我们只有学院，我们感到大学的缺乏；因此，我们正继续努力，以便尽可能使我们的学院获得大学的资格。“如果在近代史这一整门课程的前面的课时里，通过讲座的形式去完成某些重要的教学任务，同时打开哲学的眼界，在政治结构的系统中探索历史发展的趋势，在历史学和民族学（Ethnology）的联系中去观察历史，并且说明这一门令人感兴趣的科目的其他方面的问题，如此，对于近代史这门课程的教学来说就能够获得完美的结果。”

我们在这里看见了对大学元素（university element）的一种期盼和渴望。我们说，上述整个计划不可避免地带有一些特征，即努力把大学的东西引入学院，因为上述罗切斯特大学那个有见识的委员会相信，这样做和他们的目标是一致的，这个目标就是取得更完善的学问。对大学的需要是存在的，对此必须在某种程度上加以满足，在我们完全拥有大学以前，也许没有更好的东西能够提供，或者也没有值得推荐的东西可以提供。有限的学习期限必定还是会妨碍学生获得一种成熟的学问，在学院的课程完成之后（同时学生也从中获益匪浅），那些希望进一步学习的学生将期待有一种别的机构（institution）能够接收他们继续学习，但是这种期待是徒劳的。的确，上述报告本身宣告了所建议的计划的特征，对于这种特征，我们已经予以注意了。“对于一种被认为是有利于我们的好的教育而言，所花费的时间完全太有限，以至于不能产生任何高质量的学问。如果我们认为，在我们的制度中，通过任何一种改进措施，我们就可以在任何一种特定的系科（包括自然科学或文科）把成绩的标准提升到很高的程度，那么我们就是在欺骗自己，除非在我们的年轻人身上表现出以下这种意向，即把一大部分的时间用于学习（并且这种时间要多于他们目前愿意花在学习上的时间）。当这一时期到来时，就将有人带领我们建立一批伟大的大学，每一所大学都将成为学院系统（a system of colleges）的中心和皇冠，对学院加以有效的控制，并完成这样所倡导的教育。在那种值得期望的结果出现之前，人们所能够做的一切就是明智地管理我们的学院，在学院内某些重要的分支学科中尽可能提供相应的教学机会，讲授较为高深的一些知识，而目前这种机会太有限，以至于和我们所期待的目标不相符。”这样，在大学建成之前，建议学院采用一种改进了的形式，尽可能提供高深知识的教学。

以上这些想法是值得称赞的，与此同时，尽管在不同的地区正在进行有限的实验，但所有的学生和所有真正热爱知识的人将会有理由提出以下的问题：在我国，为什么我们现在连一所伟大的学校都创办不起来（这种伟大的学校可以和欧洲最好的学校去竞争）？对此人们是否真正有任何好的理由去回答？我们没有足够的财力吗？德国国内一些小的公国能够胜过美国国内那些富有的和强大的州吗？我们需要伟大的大学来改善一种教育的体系，并使这种教育更加圆满，这是毫无疑问的。

人们已经感受到了大学的缺乏，根据《布朗大学报告》和《罗切斯特大学报告》，对照人们所抱怨的种种弊端（在学院中，课程的扩展超越了所规定的学习时间的限度），这种缺乏是明显的。通过在学院的课程中增加更多的内容，通过努力使学院适合更多不同种类学生的需要，通过引入选修课，通过试图在更为先进的分支学科中开设讲座，通过采用大学的名义，凡此种种，学院试图更上一个台阶的这种普遍的倾向不是一个纯粹的雄心勃勃的愚蠢的怪念头，而是想要满足时代需求的一种愿景。面向男生和女生的那些玄虚而空洞的课程，再加上甚至试图在基础学校里引入大学的讲座，这些也表明了一种遍及各地的理念，而这一理念正努力通过各种各样的方式想要得以实现。现在看来，一切都是简陋和支离破碎的，有的时候甚至是荒唐的：在这些结合在一起的成分找到一些合适的模型之前，它们的努力方向各不相同，而那些合适的模型将会使它们归于和谐，使它们得以均衡和匀称地发展。

我们的学院急切地接受大学的众多学科，接受大学的职权和职能，采用大学的名义，然而这些学院在所规定的限度内还是不能成为大学，因为学院普遍缺乏用于学术上的资料和器具，同时还呈现出基础学校的模样（只能为学生开设基础性的课程）。这些学院在办学的初期，只是一种程度较高的基础性学校，那么它们一直下来依旧还是这样的学校，就以这种基础性学校的身份，它们的存在总是必需的，它们自身也需要不断地完善。

为了完善我们的学院，我们需要使学院恢复一种范围较为有限的学习课程，包括在语言、数学和其他类似学科中进行一种完善的基础训练，同时这种训练还要着眼于以后大学的课程。在某些办学时间较长并且较为富裕的学院中，这种大学的课程也许是依照英国大学的方式加以开发的（就像这些课程原先所存在的那样）。假使这样的话，学院将不会依照目前的方式被扩展成一所大学，但是将会建立独特的大学——在学院完成了所规定的课程和读书方面的训练任务之后，大学正好开始它的讲座式课程。

在大学和学院之间不存在竞争，它们之间的关系总的来说是很好的和多方面的：各自对于对方来说都是必需的，并且倾向于支持对方；因为没有学院就不可能有大学，只有在大学中，学院才能够找到其成熟的结果。

一般来说，教育可以分为两种，并且只能分为两种：一种教育是教师和学校的领导所强加的，另一种教育是受教育者自己所强加的或自愿担负的。第一种教育与童年期和青年期相联系，那时候人的官能尚未成熟，知识也处于初级阶段。第二种教育与成年初期相联系，那时候人的官能已经比较成熟，基础知识已经获得，实际的经验已经取代了想象和猜测。

第一个阶段的教育必然需要权威的指导和能够适应的监管。除非第一个阶段的教育受到忽视，并且被允许白白地浪费掉了，否则在第二个阶段接受教育的时候，学生将会有能力制订计划，做出决定，进行选择，并且如同出于其自身的动机那样，致力于自我教育、致力于性格的形成和承担生活的责任等。

所有的男子多多少少会获得以上两个种类的教育，因为所有的男子小的时候都在某种程度上受到一种控制性的力量的训练（这种训练进行得或充分或不够充分）；并且当所有的男子到了成年时，他们都具有某种独立的意识和新的责任意识。两个种类的教育是我们人类或多或少得到完美发展的一种规律。

有关教育机构的理念相当于把教育的手段和影响归为方法和制度。

在教育的第一个阶段，建立了各种各样的学校（从最初级的学校到文科中学或学院）。在教育的第二个阶段，只有一种学校——大学。

根据我们的教育体系目前的状况，属于这一阶段的较为高级的、自我决定的以及适合于男子学习的课程看来好像只是作为学院的一种不完美的附属物，这种课程采用某种自由选择的学习形式，在较为高级的学科领域开设范围有限的讲座，并且这种课程的教学是在一种明显窘迫的情况下进行的，因为就学生而言，它们缺乏适当的准备，学院的课程所花费的时间也不够充足。因此更确切地说，高级的文化知识主要是通过个人离开学校后在履行生活的各种责任的过程中获得的，而不是依靠学校本身获得的。有些人决心要非常重视生活，他们在现行活动中所获得的文化知识是非常宝贵的，那些没有上过大学的人很珍视这些知识，同样，那些上过大学的人也很珍视这些知识。但是，会有谁不理解一所大学的价值和必要性？正当我们离开中学的教职员工的时候，大学向我们敞开了大门，为我们提供所有的学习资源，给我们提供适合男子的自我约束的榜样，并使我们养成相应的伙伴关系。只有在这里，我们才能够正当地从事哲学的学习，这种学习不仅仅意味着获得有价值的东西，并且还意识到思想的发展。正是在这里，我们才能够得到训练，学会进行独立的科学探究，或者为参与今后的专业性工作和政治活动打下广泛而深厚的基础。也正是在这里，才能够大体上使教师们和教授们分别在科学学科和古典学科方面做好教学的准备。

因而，大学正好处于第一个阶段的教育结束、第二个阶段的教育开始的时候。的确，第二个阶段的教育永远不会结束。作为教育，在第一个阶段的时候，为了能够有序地发展，它需要建立学习的机构；第二个阶段的教育为了做出适当的决定并且得到成功的执行，就需要学生形成独立思考和学习的习惯，懂得一种方法，对知识的某一个领域进行综合的和概括的研究，例如，只有在一个为了这些高级的目标而特别建立和装备起来的机构里才能够获得上述这些教育。大学承认男校友（alumnus of the Alma Mater），大学使他们成熟，使他们做好准备，在成年后可以担任教会和政府中的职务，可以从事科学和文学方面的工作。

至于我们的年轻人想要把更多的时间用于他们的教育，我们并不抱有在《罗切斯特大学专门委员会的报告》（*The Report of the Committee of the University of Rochester*）中所表达的那种怀疑。他们现在用于教育的时间是长期以来社会所规定的时间，而不是他们自己所指定的时间。在学院所面临的扩展课程的压力足以清楚地表明对于更高程度和更为普及的教育的需求。我们相信，进入学院学习的许多年轻人极其热爱知识，极其希望受到一种高级的教育，而他们现在带着失望离开了学院，但是在展望一所大学的时候，他们那种热情将会立即被重新激发。现在，一些学生去国外寻求那种他们目前在国内所看不到的东西，这并不是一件罕见的事情。

还有，我们必须期待大学创办后所自然产生的一些结果。在社会面前，大学将是我们的教育体系的顶点，大学具有用以满足人类的最高需求和渴望的一切东西；大学把知识的丰富领域扩展到最大的限度；大学具有一种吸引力，吸引人们做好最充分的准备，以便去学习科学和文学的各个分支学科；大学开辟了一些隐蔽的场所，勤学之人可以退隐在那里用功学习，并得到最大的满足；大学提供了最大的可能性，激发出人们最大的努力。对于一些学院来说，目前不再存有任何一种诱惑或者必要性，去试图超越它们自己恰当的工作范围（这种企图或多或少会成功，也或多或少会失败），去牺牲它们自己非常宝贵的功能和利益（而且这种牺牲还是在学院侵犯那些原本就不属于它们工作范围的过程中发生的）。学院将驳倒那些空洞的教育计划，那些计划试图在训练的早期阶段把青少年引向更高的教育形态，而对于那种更高形态的教育，青少年则尚未做好准备。学院将清楚地界定基础训练、预备性训练与那种独立地、果断地和自主地对知识的追求之间的区别，那种独立地、果断地和自主地追求知识的行为属于那些已经掌握了学习技巧的学生，他们懂得如何利用书本和那些杰出的、顶尖的学者的讲座。因此，学院将把秩序、方法和连贯性引入教育的全部课程。目前，在正式开始教育的第一个阶段的时候，有一整条清楚地规划好的前进的路线置于学生的面前；他将知道自己正在走向何处，也知道在哪里自己也许可以实现最崇高的理想（这并非难以预料）。学术的精神就这样被彻底地激发起来，一名学生的生活就被清楚地下了定义，不用计算学习的时间，学生关注的重点被固定在一些学习的目标上——这些目标就是将要取得的成就。

在学术精神于大众之间广为传播之前，钱皮尤斯的威廉并未消极地等待：他开设了他的讲座，打下了一所大学的基础，并且养成了学术的精神。在我国、在我们这个时代，没有人呼吁去培养学术的精神，因为这种精神已经存在了；我们只是必须使它充满各种理念，使它具有更强的生命力。

因此我们认为，在一个伟大的公共教育的体系中，大学是正常的和必要的机构。推迟大学的创办，就是停止了钟面上指针的走动，而时间的流逝本应代表着人类的进步。

我们已经延误了建立大学这一伟大的工作，而且延误得太久了。在我们开始建立大学的工作之前，我们不能够再等待任何来自天国的新的神迹（new sign from heaven），我们担负不起时间上的损失。我们呼吁所有的学者和知识界的真诚的朋友来考虑：我们现在是否能创办一所伟大的教育机构（这一机构可以和以前最好的学校相媲美）？这种呼吁有任何不恰当的地方吗？如果我们计划要显示这种担当的勇气，我们会说，这样一种机构需要得到成功的发展，建立大学不是要在损害理性活动和损耗精神食粮的情况下去降低教育的质量，也不是受到某种引诱去这样做；教育许多人是适当的，如果被迫暂时去教育少数人，还会毁坏教育本身；应该同样消除教会中各教派之间的争论和妒忌，消除国家中各党派之间的争论和妒忌；学校应该忠诚地致力于科学、文学和艺术的教育。

在我国推进这一伟大事业的过程中，没有其他地方可以和纽约市一样提供相同的便利条件。纽约是我国真正的大城市。作为商业活动的中心和巨额财富的储存地，纽约在生活的雅致和华丽方面，在奢侈品艺术和娱乐方面开风气之先。纽约也是交流书籍和艺术的伟大的中心场所。一些音乐教授和设计艺术的教授常去纽约。一些文人墨客居住在纽约。在纽约，各个种类和各种程度的文学机构已经出现。在纽约，通过联合的力量或慷慨的个人，建起了一些图书馆，并且这些图书馆正在逐年地扩展。商业、财富和优美的东西带来了（甚至是需要）一种令人鼓舞的生活，还需要平衡的力量和培养理智的活动。对于一所伟大的学习机构所必不可少的任何东西都能够在这里最容易地被找到；并且在这里具有巨大的财力，用以创造我们的城市和我们的国家所可以拥有的一切幸福和繁荣的景象。在一座大城市所自然具有的吸引力中再加入文学、科学和艺术的吸引力（就像一所伟大的大学所具有的吸引力那样），通过这样的做法，来自美国各地的学生就将自然地聚在一起。因而，我们应该具有一个设备非常完善的国立机构，在那里，通过最高级的教育形式，通过学者的支持，通过最好的文学作品，我们国家的凝聚力将得到加强。

一个伟大的机构将把目前分散和孤立于我们中间的所有东西集中在一起，成为学者之家，成为学者的养成所，成为思想和研究的控制与协调中心。我们所有的居民都将感受到文化发展和进步的创造力；社会将从一个有学问的阶层那里得到新的体制和习俗，并且在一群杰出人物的指导下，通过公开的讲座，广泛地传播知识。

但是这一机构的形式将是什么?

一般来说，我们将以巴黎大学、英国的大学和德国的大学为模型（这里所谓英国的大学是指沦落为学院之前的大学)。

在这样一所大学的创建中，在一开始，我们就将在不同的东西中认定一种选择，并且建造一座宽大的图书馆（其藏书量在世界上首屈一指)，该图书馆可以帮助学生获得成熟的学识，促进在各种知识领域中的研究—— 一座图书馆的出名更多地在于其宝贵的和直接可用的学术资源，而不在于其稀奇古怪的收藏品，对图书馆的评价更多的是依据它的名声，而不是依据其藏书的数量。与此同时，我们将购置用于物理和化学研究的所有必要的设备；我们将建设一座高级的天文台；我们将建立一座宝贵的自然历史博物馆（Cabinet of Natural History)；并且我们还将开设一座美术馆。

储存了这样丰富的科学、文学和艺术的资料，我们就打下了一座大学的基础。因而，我们应该满足人们的渴望和需要，但到目前为止，在我国，建立大学的渴望和需要反而得不到满足；我们还应该通过一些吸引物，把那些天真的孩子引入学习的生活(但到目前为止，这些孩子一直在追求别的东西)。

我们将设立4个学部：哲学和科学学部，文学和艺术学部，法学部，医学部。在这些学部的下面，应该具有足够数量的教授职位，以便在各种各样的科目之间进行一种适当的分配（而这些教授又处于一些总的学科带头人之下)。这些教授职位应该获得一定程度的资助，以便为任职的教授提供足以使他们过上舒适生活的富裕收入（而这种收入和学生学费的高低无关)。当我们想到，勤学之人需要宁静的心情，世间有许多不同的分支学科，为了世界的利益就需要教授这些学科——诸如语言学、哲学、高等天文学、数学和物理等，而与此同时，学生的人数将是比较少的，在这种情况下，以上所说的这种资助的必要性必然是明显的。

是否应该向学生收取学费，或者一些讲座以及图书馆和博物馆是否应该免费向公众开放（就像巴黎大学那样），这也许是一个问题。在这种情况下，当然，教授的职位将需要更充分地得到资助。

应该指定不同学部的教授以及大学的学术成员（academical member）负责相应的学科，并要求教授开设相关的讲座和课程。也应该要求他们为一般的民众开设通俗的课程（所涉及的学科由授课者自己选择）。

所谓大学的学术成员，是指那些通过考试而得到大学认可的人，或者是在任何一所学院里获得学士学位的人，还有那些注册攻读大学学位的人。

这些学位可以具有两个等级。较低等级的学位可以包括文学硕士、哲学博士、医学博士和法学学士；较高等级的学位可以包括法学博士、神学博士和其他有关的学位（这些学位表明获得者的学识水平在医学、哲学、科学以及文学和艺术等学科中有了很大的提高，类似于荣誉学位）。

第一等级的学位将授予那些经过3至4年的学习并通过考试的学生。第二等级的学位将作为荣誉学位授予那些杰出的人士（他们在生活和专业工作中取得了卓越的成绩），也授予那些在大学里学习了很长时间的人（他们的学习生涯长于一般的学生）。当然，我们也可以这样理解，即大学教育应该使学生能够去学习他们所特别喜爱的分支学科，或者去学习一般的知识，并且这种学习是无期限的。

通过使学术性学位显示出真实的学习成绩，并且使这种学位成为具有真实价值的荣誉的象征，这种组织[①]同时产生的另一个结果就将是提高学术性学位的声望。

关于通俗的讲座和课程，也应该有特别开设的课程，它们所指定的听课对象是那些从事商业和实际工作的人。这将在从事学术性学习的学生之外产生另一种类的学生，这种学生在已有知识的帮助下，在日常本职工作的压力下，可以利用大学各种可能得到的好处。因此，除了从事学术性学习的学生之外，其他学生也可以聆听法律和医学的讲座，甚至聆听任何课程（只要他们愿意选择这些课程），但是这些学生不被看作是攻读大学学位的学生。

其结果将是，大学的图书馆、博物馆、实验室和演讲室将成为各年级学生的常去之地；大学因而将成为文化活动的伟大的中心，成为面向整个大众的一个知识源泉。

城市中不同的公共图书馆也可以和大学相联系（在它们与众不同的名义之下）；并且可以由新的捐献者以新的名义建造新的图书馆，这些新的图书馆处于一种相同的连接关系之中（就像英国大学中那些不同的图书馆那样）。

有人将会注意到，我们在这所大学的组成结构中省略了一个神学部。因为基督教的每一个教派都有其特别的神学观和神学方面的利益，所以把这些不同的教派和谐地统一在一个学部中是不可能的。因此，最方便的做法是把这个部门留在现有的神学院中（这些神学院是由不同的教派所建立的）。但是在神学院（尤其是那些同一城市中的神学院）和大学（它带来了很多的好处）之

① 即大学。——译者注

间，仍然可以形成一种无可非议的身份上的联系。不仅可以让神学院的学生进入大学的图书馆，还可以让他们聆听历史学、哲学、语言学和普通文学等方面的讲座。与此同时，还给予神学院的学生另外的好处，允诺在历史学等上述学科中为他们开设一些非常好的讲座。的确可以做出一种安排，根据这种安排，学生在哲学、自然神论、语言学和历史学等学科中参加了规定的考试，令人满意地学完了他们的神学课程，并且从他们的教授那里获得了相应的证书，这时出示证书，就可以获得神学学士学位。自由学院（Free Academy）的学生在神学院学完了他们的课程之后，或者在其他方面根据他们的准备情况，也可以作为从事学术性学习的学生被招收进大学。

如此，我们所有的学校将发展成为一个和谐的整体。

考虑到学校的宗教特征和道德特征，在学校的章程中应该规定：首先，完全脱离基督教会的控制和抛弃所有的教派偏执。其次，因为每一种和人类幸福有关的东西都需要被置于基督教的保护伞之下加以培育，所以学校应该承认基督教是唯一真正的宗教，承认《圣经》包含了神灵的启示，承认基督教的信仰和责任（Faith and Duty）的最高准则，并且把《圣经》免费地送给所有的人阅读，让他们在思想和道德上以一种完全自由的状态去接受基督教。

为了执行这些原则，大学应该规定对基督教的所有教派进行一种相同的控制，并且承认这些原则；大学应该就基督教开设一种课程和讲座；在学生面前，应该由教授带领大家一起诵读《圣经》并做祈祷，这应该成为一种日常的公开的礼拜式。

为了使这样一所大学能够充分地发展，需要足够的资金；但是我们完全相信，个人的慷慨捐赠能够完成这一任务。如果能够使我们的社会关注到建立大学的必要性、建立大学的好处、建立大学这一工作的光荣性，那么大学的建成就不会被长期地延误了。

作为个人慷慨捐赠的榜样，我们只需要求助于我国各种各样的机构，求助于一些重要的力量（这种力量目前正在为布朗大学出力）。而且，我们只需要着眼于我们自己的城市中一些个人的榜样，他们和纽约市大学有关；纽约市大学虽然和其他类似的学校一样，也具有大学的名称，但它仍然自称只是一所学院，因此，该校在本质上并不被认为能够引起一种强烈的和普遍的兴趣（就像创建一所伟大的大学那样的兴趣）。在这所学校的身上已经花费了许多钱，并且还有债务，我们已经得知，总共花费了不少于400000美元，这笔钱主要通过认捐筹得。

现在，将需要全部的力量来使得一所大学充分地运转起来（这所大学就像我们所计划的大学那样），所需要资金的数量大约接近于上述学院[①]所花费的钱。我们将估计需要450000美元。

用这笔钱，我们能够完成以下的准备工作和资助项目：

一座大学的建筑物（教室）	75000美元
一座图书馆大楼	50000美元
书籍（50000册）[②]	50000美元
天文台，位于斯泰坦岛[③]，包括仪器	20000美元
物理和化学的实验设备	4000美元

---

① 指纽约市大学。——译者注

② 这是根据阿斯特图书馆（Astor Library）已有的20000册图书的平均费用来计算的。——作者原注

③ 斯泰坦岛（Staten Island）位于纽约市的里士满县（Richmond County）。——译者注

早期的自然历史博物馆 ………………………… 5000美元

早期的美术馆 ……………………………………… 6000美元

6个有捐赠基金全额资助的教授职位（每人40000美元），或者10个有捐赠基金部分资助的教授职位（每人24000美元）
………………………………………………………………… 240000美元

合计 …………………………………………… 约450000美元[①]

对用于教授职位的捐赠基金的等级应该加以管理，把它们控制在一定的限度内，并且根据投票表决的结果，来决定是否向学生收取学费。

这样一种基本的原则将确保该大学的永久存在，并且使它能够马上开始各种形式的大学教育。一旦完成以上的工作，随后还可以根据需要再做一些新的工作，因为现在公众已经完全意识到一所伟大的学校所带来的好处，并且经常感受到这些好处。

如果有10个人，每人提供45000美元，就将筹集到所需要的资金量；或者有50个人，每人提供9000美元；或者有100个人，每人提供4500美元；或者有1000个人，每人提供450美元。或者，我们可以按照以下的方式来分配捐款的数额：

10位捐助者，每人捐助10000美元 …………… 100000美元

20位捐助者，每人捐助5000美元……………… 100000美元

① 如果公众的那个宏伟的捐助物——阿斯特图书馆能够成为一所大学的中心，并且如果人们所期待的位于布鲁克林（Brooklyn）的天文台能够和该图书馆相连接，那么上述预算中的120000美元就将可以被扣除。——作者原注

40位捐助者，每人捐助2500美元………………… 100000美元
80位捐助者，每人捐助1000美元 ……………… 80000美元
500位捐助者，每人捐助140美元 ……………… 70000美元
合计 …………………………………………………… 450000美元

没有人会怀疑，我们的城市中具有这样的人，他们能够轻松地捐款，或者按照以上的分配方式捐款，或者按照别的分配方式捐款。

那些资助建设这样一所大学的人将为自己建立起一座比埃及的金字塔更加雄伟和不朽的纪念碑。

我们这样一般地、简要地陈述计划不是异想天开的，它可以通过以下事实得到证明，这种事实就是：类似的机构在法国和德国已经存在，并且办得很成功。以柏林大学为例，该大学有100位教授和2000名学生。这些大学由政府资助。在德国，有若干所大学每年收到30000至50000美元的资助，柏林大学则更多。

在我国，我们希望我们的大学既不受政府的控制，也不受任何宗教教派的控制，因为我们希望保持这种机构同样地不受政治和教派的影响，也不受到不公平的对待。不同的教派可以有它们的学院和神学院。但是一所伟大的大学应该只不过是学者的常去之地，应该一丝不苟地致力于教育，并且对知识给予普遍的关注，而知识则是信奉各种宗教教义的人和具有各种政治倾向的人所共有的。因此，要求通过个人的慷慨资助来建立大学，并且把大学置于由个人所组成的一个法人团体的领导之下，这些个人包括那些致力于科学和文学研究的人，也包括那些对教育感兴趣的人。

如果我们生活在一种君主政体的政府的管理之下，大学也许

是由政府所建立的，并且大学和一种国家的宗教相联系；然后通过征税，迫使人民出钱去维持大学的生存。单靠君主制的政府就能够建立大学，我们不应该让这种情况发生，否则就是我们的耻辱；让我们向世界证明：我们能够自愿地创建大学，对于能够改善和美化人性的一切成果来说，自由的人民的精神比君主的意志更为强大。

大学不是君主制度天然的附属物或产儿。我们已经表明，大学在自由的精神和理性的研究方面具有它们的起因，大学最初是通过个人的事业心所建立的。尤其在德国，自由的思想一直是如此流行，根据章程进行管理的主张一直是如此强烈，以至于大学有时引起了来自政府的最为强力的迫害。

对于人民来说，大学是优良的机构，因为大学使得所有有意于接受高等教育的人都能够有机会入学，使得所有的方法都可能获得成功。大学是知识的源泉，在那里，通用的知识可以得到传播，大学无处不在的影响有助于使教育的各种形式变得活跃起来，并且使教育的各种形式具有一定的次序和连贯性。

当纽约市民看到这样一所大学在城市的商业中心和富丽堂皇的建筑物中出现时，那将是他们感到自豪的一天，大学为城市的繁荣又加上了文化繁荣的王冠。

为什么我们应该把一项我们自己能够完成的工作留给下一代？创办大学这项工作将会把我们的影响传给未来，创办大学的工作是如此愉快和美好，是如此具有价值，以至于我们拥有了自己的事业，拥有了我们深谋远虑的智慧，拥有了对我国福利事业的一份热心，对国家最终的命运也充满信心。

我们期望在社会中找到一些人，他们有眼光，愿意理解大学的这种设计方案，并且能够提供慷慨的捐助（这种捐助又足以满足创办大学的要求)。我们不能找到这样的人吗？为什么一群同样的学者不可以自己着手做这项工作呢？学者们可以得到一些慷慨的资助人的帮助，或者如果需要的话，学者们也可以完全独立地开展工作，他们可以重复以往时代的场景，像罗塞林、钱皮尤斯的威廉和阿伯拉尔等人那样开设课程和讲座。

他们的成功在起初也许是小的，但是，他们能脚踏实地做工作，本着不屈不挠和锲而不舍的精神，他们最终将获得成功，并且在他们周围将聚集起单纯的年轻人，唤醒一种对灿烂文化的热情，他们如此使自己以及他们的工作被公众所接受，以至于通过一种魅力（人性总是会服从这种魅力的)，各种资源和影响都被融入了他们的工作。大学满足了人类的一种真正的需要——这种需要目前在我国已经深深地被感受到了；我们现在所羡慕和渴望的旧世界现存的大学屹立在我们的前面，不过这些大学远离我国。我们真诚地希望，在我们的时代，不需要为这样一种试验而开展斗争；但是如果有斗争，难道没有学者敢于取得胜利吗？

附录1 柏林大学的讲座目录

以下是柏林大学（University of Berlin）1829—1830年冬季学期开设的讲座，10月29日开始，持续时间约为6个月。

（授课教授的姓名一并列出，以便读者了解同一位教授开设了多少讲座。实际上，这些课程和现在所开设的课程是相同的。）

神学

神学的百科全书和方法论（即神学通论，以及研究神学的适当方法），亨格斯坦恩伯格教授（Prof. Hengstenberg），每周一次。

《旧约全书》和经外书（Apocrypha）的历史批判导论，教员乌尔曼（Lic. Uhlemann），每周四次。

关于救世主的预言家的文字段落，对这些段落进行评注的练习，由亨格斯坦恩伯格教授指导，每周一次，免费。

《创世纪》[1]（用拉丁语解释），每周四次，免费。

《创世纪》的主要部分，贝勒曼教授（Prof. Bellermann），每周两次。

解释基督教《圣经》中的《圣咏集》（*the Psalms*），贝纳里博士（Dr. Benary），每周四次。

《约伯之书》[2]，亨格斯坦恩伯格教授，每周四次。

《圣经》中的风俗习惯，教员冯·格拉克（Lic. von Gerlach），每周四次。

《新约全书》导论，教员莱因沃尔德（Lic. Rheinwald），每周四次。

---

①《创世纪》（*Genesis*）是基督教《圣经》中《旧约全书》的第一卷。——译者注

②《约伯之书》（*The Book of Job*），约伯（Job）是基督教《圣经》中的人物。——译者注

《约翰的福音》[1]，尼安德教授（Prof. Neander），每周五次。

《保罗致科林斯人的首部使徒书》[2]，施莱尔马赫[3]教授，每周四次。

《致加拉蒂亚人、以弗所人、腓利比人和哥罗西人的使徒书》[4]，教员冯·格拉克，每周四次。

《致科林斯人的两部使徒书》，用拉丁语授课，教员洛马泰施（Lic.Lommatyzsch），每周五次。

《詹姆斯的使徒书》（*The Epistle of James*），用拉丁语授课，教员洛马泰施，每周一次，免费。

继续进行两种评注的观点之间的辩论的练习，教员洛马泰施，免费。

《约翰的使徒书》（The *Epistles of John*），教员莱因沃尔德，每周两次，免费。

耶稣基督的生平，施莱尔马赫教授，每周五次。

基督教会的历史，从格列高利七世[5]的时期开始，尼安德教

---

①《约翰的福音》（*The Gospel of John*），基督教中的约翰（John）是耶稣十二门徒之一。——译者注

②《保罗致科林斯人的首部使徒书》（*The First Epistle of Paul to the Corinthians*），保罗（Paul）是基督教《圣经》中初期教会主要领袖之一，科林斯是古希腊著名奴隶制城邦，《使徒书》（*The Epistles*）是基督教《圣经·新约》中的内容。——译者注

③ 施莱尔马赫（Prof. Schleiermacher，1768—1834），德国新教神学家和哲学家，曾协助筹建柏林大学，1810年后在该大学任教授，并担任神学系首位系主任。——译者注

④《致加拉蒂亚人、以弗所人、腓利比人和哥罗西人的使徒书》（*The Epistles to the Galatians, Ephesians, Philippians and Colossians*），其中加拉蒂亚位于小亚细亚。——译者注

⑤ 格列高利七世（Gregory，1020—1085），意大利人，信仰天主教。1073年当选为教皇，称格列高利七世。——译者注

授，每周五次。

系统的神学导论，道德的和教义的观点，马海内克教授（Prof. Marheinecke），每周五次。

布道术（与宗教讲道的准备和演讲有关的全部内容），斯特劳斯教授（Prof. Strauss），每周四次。

礼拜仪式（礼拜仪式的知识），斯特劳斯教授，免费。

讲道练习，斯特劳斯教授，每周两次，免费。

法学

法学通论（法学的百科全书），用拉丁语授课，比纳教授（Prof. Biener）和帕特博士（Dr. Piitter）。

自然法，施马尔兹教授（Prof. Schmalz）。

自然法，或法律哲学，与法学通史相联系，甘斯教授（Prof. Gans），每周五次。

罗马法律的制定，克伦泽教授（Prof. Klenze），每周六次；甘斯教授，每周五次。

《学说汇纂》[①]，萨维格尼教授（Prof. Savigny）。

继承法，穆斯多尔费尔-罗斯伯杰博士（Dr. Moosdorfer-Rossberger）和拉多夫博士（Dr. Radorff）。

罗马法的客观史，穆斯多尔费尔-罗斯伯杰博士，每周两次，免费。

罗马民事诉讼的历史，用拉丁语授课，帕特博士，每周两小时。

---

①《学说汇纂》（*Pandects*），6世纪东罗马皇帝查士丁尼命令汇编的法学家学说摘录，共50卷。——译者注

乌尔比安[①]的论著选，拉多夫博士，每周两次，免费。

宗教法规，施马尔兹教授，每周五次；拉斯佩尔斯博士（Dr. Laspeyres），每周五次；穆斯多尔费尔-罗斯伯杰博士，每周四次；帕特博士，中午12:00授课；斯泰尔特泽博士（Dr. Steltzer），下午3:00授课。

德意志帝国和德意志法律的历史，霍姆耶教授（Prof. Homeyer）。

德国法律的历史和文物，菲利普斯教授（Prof. Phillips）。

德国的私法和封建制度法，冯·兰西佐勒教授（Prof. von Lancizolle）和菲利普斯教授。

封建制度的法律，穆斯多尔费尔-罗斯伯杰博士，每周四次。

森林法和狩猎规则，拉斯佩尔斯博士。

刑法（包括刑事诉讼），比纳教授，每周五次；雅克教授（Prof. Jarcke），每周六次。

刑法的历史，克伦泽教授，每周两次，免费。

特殊的刑事案例，雅克教授和拉斯佩尔斯博士。

德国领地的和联邦的法律，施马尔兹教授，每周六次，免费。

古代帝国的法规和邦联的法规，冯·兰西佐勒教授。

英国的宪法，菲利普斯教授，每周一次。

普通民事诉讼和普鲁士的民事诉讼，施马尔兹教授，每周四次；雅克教授，每周五次；穆斯多尔费尔-罗斯伯杰博士，四次；拉多夫博士，每周四次。

实际的练习（和施马尔兹教授关于刑事诉讼的讲座相联

① 乌尔比安（Ulpian，？—228），古罗马法学家。——译者注

系)，由施马尔兹教授指导，每周六。

穆斯多尔费尔-罗斯伯杰博士负责对刚刚完成的学习的考试和考查。

医学

医学百科全书和方法论，卡斯珀教授（Prof. Casper），每周一次，免费。

医学史，赫克教授（Prof. Hecker），每周两次，免费。

分娩处理方法的变化（history of accouchement），冯·西博尔德博士（Dr. von Siebold），每周一次。

伟大医生的生平和作为，戴姆罗博士（Dr. Damerow），每周一次，免费。

希波克拉底[1]格言的解释，巴特尔斯教授（Prof. Bartels），每周一次，免费。

解剖学，鲁道菲教授（Prof. Rudolphi），每周六次。

完整的解剖学，施莱姆教授（Prof. Schlemm），每周四次。

骨学，纳普教授（Prof. Knape），每周四次。

韧带学，纳普教授，每周两次，免费。

论腱膜，施莱姆教授，每周两次，免费。

内脏学，纳普教授，每周四次。

感觉器官和胎儿器官的解剖学，鲁道菲教授，每周两次，免费。

解剖学的实际练习，纳普教授和鲁道菲教授指导。

人类学，克拉尼奇菲尔德教授（Prof. Kranichfeld），每周

① 希波克拉底（Hippocrates，公元前460—公元前370），古希腊医生。——译者注

两次。

生理学，舒尔茨教授（Prof. Schultz），每周四次。

完整的生理学，埃克教授（Prof. Eck），每周六次。

医学制度的第一部分，包括生理学的原理，埃克教授，每周四次。

比较生理学，霍凯尔教授（Prof. Horkel），每周六次。

生命的历史概述，有机体的形成和繁殖，布兰特博士（Dr. Brandt），每周一次，免费。

病理学，初级班，赫费兰德教授（Prof. Hufeland），每周四次。

普通病理学，赫克教授，每周四次。

特殊病理学，赫克教授，每周六次。

特殊病理学（根据任课教授自己的讲课体系讲授），赖克教授（Prof. Reich），每周六次。

病理解剖学，鲁道菲教授，每周四次。

自然机体中规则的和畸形的结构，拉特伯格博士（Dr. Ratzeburg），每周两次。

症状学（关于各种症状的学说），初级班，赫费兰德教授，每周两次，免费。

药理学，林克教授（Prof. Link），每周六次。

药理学(与自然史和药品相联系)，通过不断的论证来解释，拉特伯格博士和布兰特博士：前者讲授矿物学和动物性的部分，每周三次；后者讲授植物学的部分，每周三次。

物理学的学说，奥萨恩教授（Prof. Osann），每周六次。

物理学的学说，通过展示药用植物和药用矿物来解释，舒尔茨教授，每周五次。

关于医学的注重实际的讲座，森德林博士（Dr. Sundelin），每周四次。

关于药用植物和有毒植物，舒尔茨教授，每周两次，免费。

关于德国的矿泉水，奥萨恩教授，每周两次，免费。

配药的技术，普通的治疗和特殊的治疗，卡斯珀教授，每周两次；继续实际的练习。

普通治疗学，奥珀特博士（Dr. Oppert），每周三次。

营养学和长寿法，高级班，赫费兰德教授。每周两次。

特殊病理学和特殊治疗学，巴特尔斯教授。每周五次。

特殊病理学和特殊治疗学，瓦格纳教授（Prof. Wagner），每周六次。

急性和慢性疾病的特殊治疗，霍恩教授（Prof. Horn），每周四次。

疾病分类治疗学中的特殊治疗，沃尔法特教授（Prof. Wolfart），每周四次。

特殊治疗学的第二部分，初级班，赫费兰德教授，每周六次。

关于战争期间出现的疾病（在军营中以及在城市中），沃尔法特教授，每周两次。

心理失调的学说（带有评论，理论的和实际的），心理失调的治疗，戴姆罗博士，每周四次。

诊断的学说和梅毒引起的疾病的治疗，霍恩教授，每周两次，免费。

诊断的学说和梅毒引起的疾病的治疗，奥珀特博士，每周两次，免费。

病理学和疾病的治疗学（这些疾病有一种身体上的起因），

森德林博士，每周两次，免费。

儿童疾病的学说，卡斯珀教授，每周两次，免费。

儿童疾病的学说，赖克教授，免费。

儿童疾病和妇女疾病的学说，弗里德兰德博士（Dr. Friedlander），每周两次。

眼病的学说，琼肯教授（Prof. Jungken），每周五次，免费。

关于眼睛的手术的教学，琼肯教授，听课费较高[①]。

解剖学、生理学、病理学和人类眼睛的治疗（与眼睛手术相联系），克拉尼奇菲尔德教授，每周三次。

普通的和特殊的外科手术，琼肯教授，每周六次。

普通外科手术，克卢格教授（Prof. Kluge），每周两次。

所有外科手术的学说，冯·格拉费教授（Prof. von Grafe），每周四次。

所有外科手术的学说，鲁尔特教授（Prof. Rurt），每周六次。

关于骨折和关节脱位，克卢格教授，每周一次。

系统论述医治牙病的手段，赫西博士（Dr. Hesse），每周两次。

所有和生育有关的知识，布希教授（Prof.Busch），每周五次。

产科学原理，克卢格教授，每周两次，免费。

产科学原理，关于理论的和实际的产科学的讲座，外加两个小时的练习。布希教授建议，开设一门产科手术的课程，并加以

① 在德国的大学中，讲座或者是公开的（免费），非公开的［普通的讲座，由学生付费，从一个金路易（louis d'or，法国金币名）到5或6个金路易；如果在目录中没有说明，那就意味着听课要收费］，或者收费较高（这些讲座只面向少数学生，他们可以选择听课；在这些讲座中，收费较高，教学方式也较为熟悉）。

练习。在每个周六，布希教授将进行产科知识的考查。

理论的和实际的产科学，弗里德兰德博士，每周三次。

理论的和实际的产科学，冯·西博尔德博士，每周四次。他也提供让学生直接练习的机会。

临床医学讲座，在仁爱医院进行，巴特尔斯教授讲授，每天。

在皇家综合医院的临床练习，高级班，由赫费兰德教授指导，奥萨恩教授和巴希教授（Prof. Busse）也参与指导。

对听课者进行临床指导，沃尔法特教授。

对医学实践和法医学实践的指导，瓦格纳教授，每周六次。

外科学的临床讲座，眼病的临床讲座，在大学的皇家临床–外科研究所举行，由冯·格拉费教授指导，每周四次。

在外科病床上的实际练习，在仁爱医院进行，由鲁尔特教授指导，每周四次。

在综合性医院的实际练习，由鲁尔特教授指导，每天进行。

在眼病患者病床上的实际练习，在仁爱医院进行，由琼肯教授指导，每周五次。

性病学，在仁爱医院进行的临床教学，克卢格教授，每周两次。

在皇家妇产科医院进行的产科临床讲授（和综合性医院相联系），由布希教授指导，每周四次。

产科临床讲授，弗里德兰德博士，每周三次。

法庭上的人类学，纳普教授，每周三次。

面向医生和法官的法医学（包括草拟鉴定和判定的实际练习），卡斯珀教授，每周三次。

面向医生和法官的法医学（包括草拟鉴定和判定的实际练

习)，贝尔兹博士（Dr. Barez)，每周四次。

医疗治安（medical police)，瓦格纳教授，每周两次，免费。

森德林博士表示愿意负责对医学专业学习的所有内容的复习工作。

兽医的技术，雷克利本博士（Dr. Reckleben)，每周三次。

在国内所有的动物中间能够引起瘟疫的疾病的学说，雷克利本博士，每周三次。

哲学

哲学的方法和科学的通论，同时介绍自康德以来最新式的哲学体系，米歇莱特博士（Dr. Michelet)，每周四次，免费。

哲学的基础（或称“一切知识的理论”)，斯科彭豪尔博士（Dr. Schopenhauer)，每周三次。

逻辑学，里特教授（Prof. Ritter)，每周五次。

逻辑学以及哲学通论，贝内克博士（Dr. Beneke)，每周四次。

逻辑学和形而上学，亨宁教授（Prof. Henning)，每周五次。

伦理学，里特教授，每周四次。

心理学以及精神疾病的学说，贝内克博士，每周五次。

心理学，冯・凯泽林克博士（Dr. von Keyserlingk)，每周六次。

关于上帝的知识，里特教授，每周一次，免费。

美学（或称“艺术通论”)，托尔肯教授（Prof. Tolken)，每周四次。

美学的基本概念，冯・凯泽林克博士，每周四次。

哲学史，黑格尔教授（Prof. Hegel）[①]，每周五次。

著名的形而上学体系的批判史，贝内克博士，每周一次。

历史的哲学，斯图尔教授（Prof. Stuhr），每周五次。

数学

微积分，德克森教授（Prof. Dirksen），每周三次。

分析静力学，德克森教授，每周三次。

积分学对于几何学的应用，德克森教授，每周一次，免费。

概率的计算，迪里克莱特博士（Dr. Dirichlet）。

数的无穷大的分析，迪里克莱特博士。

代数学导论和定量分析，奥姆教授（Prof. Ohm），每周一次，免费。

解析的平面和球面三角学，以及解析几何学，奥姆教授，每周四次。

微分学和积分学，奥姆教授，每周四次。

代数学，艾德勒教授（Prof. Ideler），每周六次。

关于圆锥曲线，艾德勒教授，每周三次。

平面几何，格鲁森教授（Prof. Gruson），每周两次。

理论天文学，恩凯博士（Dr. Encke），每周三次。

宇宙结构学，奥尔特曼斯教授（Prof. Oltmanns），每周两次，

普通物理学，厄曼教授（Prof. Erman），每周三次。

磁学和电学，厄曼教授，每周三次。

机械物理学的第一部分，费希尔教授（Prof. Fischer），每周四次。

---

① 黑格尔（Hegel，1770—1831），德国著名哲学家。1818年应聘到柏林大学哲学系任教授，1829年就任柏林大学校长（直至逝世）。

实验物理学，赫姆布斯塔特教授（Prof. Hermbstadt），每周四次。

实验物理学，特特教授（Prof. Turte），每周两次。

物理学原理和化学原理（带实验），特特教授。

普通的理论化学和应用化学（带实验），赫姆布斯塔特教授，每周六次。

理论药学和应用药学（或称“化学药物的知识和制剂的学说”），赫姆布斯塔特教授，每周五次。

动物化学，米彻尔利希教授（Prof. Mitscherlich），每周一次，免费。

实验化学，米彻尔利希教授，每周四次。

理论化学（关于特殊的技术），舒巴思教授（Prof. Schubarth），每周五次。

化学导论，舒巴思教授，每周一次，免费。

化学考试，舒巴思教授，每周三次。

关于化学的作用，赫姆布斯塔特教授，每周一次。

药物化学，罗斯教授（Prof. Rose），每周三次。

关于某些依据药典配制的有机制剂，罗斯教授，每周一次，免费。

化学分析中的练习，罗斯教授，每天。

普通动物学，利希滕斯坦教授（Prof. Lichtenstein），每周六次。

反刍动物的自然史，利希滕斯坦教授，每周两次，免费。

哺乳纲的自然史，威格曼博士（Dr. Wiegmann），每周两次，免费。

普通动物学，威格曼博士，每周五次。

普通昆虫学，克卢格教授（Prof. Klug），每周两次，免费。

附有说明的植物的规律，海恩教授（Prof. Hayne），每周一次，免费。

植物生理学（尤其是树和灌木的生理学），海恩教授，每周三次。

关于隐花植物，冯·施莱克坦达尔教授（Prof. von Schlechtendal），免费。

关于富于营养的食物，药用的和有毒的植物（根据植物的自然分科来讲授），冯·施莱克坦达尔教授，每周四次。

矿物学，韦斯教授（Prof. Weiss），每周六次。

附有说明的结晶学，韦斯教授，每周四次。

面向负责森林管理的官员讲授的土壤知识的矿物学部分，韦斯教授，每周两次。

政治和行政管理科学

公法和政治学，冯·劳梅尔教授（Prof. von Raumer），每周四次。

关于东半球和西半球的近代公法以及政府的法规，甘斯教授（Prof. Gans），每周一次，免费。

自17世纪初以来普鲁士公国的历史（特别是关于公法的进步），亨宁教授，每周一次，免费。

欧洲的一般统计资料，霍夫曼教授（Prof. Hoffmann），每周四次。

德意志联邦的统计资料，斯坦博士（Dr. Stein），每周两次。

普鲁士的统计资料，霍夫曼教授，每周两次，免费。

普鲁士的公法和行政法（和普鲁士的统计资料相联系），

冯·亨宁教授，每周四次。

财政金融科学（或称“公共税收的行政管理学说”），霍夫曼教授，每周四次。

农业科学导论，斯托里克教授（Prof. Storig），每周两次。

农业科学（特别是关于某些官员的需要），斯托里克教授，每周三次。

关于牛的学问，斯托里克教授，每周三次。

林业科学通论，法伊尔教授（Prof. Pfeil），每周四次。

森林的知识和管理（在政治、经济方面），法伊尔教授，每周三次。

森林的评估和管理，法伊尔教授，每周三次。

历史学和地理学

古代史，施米特博士（Dr. E. A. Schmidt），每周四次。

中世纪史，威尔肯教授（Prof.Wilken），每周四次。

18世纪史，施米特博士，每周两次，免费。

解放战争史（1813—1815），斯图尔教授，每周两次。

历史的、批判的练习，威尔肯教授，每周一次。

普通地理学，佐伊教授（Prof. Zeune），每周两次。

西印度群岛以及附近海岸的水文学和自然地理学，奥尔特曼斯教授（Prof. Oltmanns），每周一次，免费。

艺术史

中世纪建筑的历史、原理和遗址，从查士丁尼①到16世纪，

---

① 查士丁尼（Justinian，约483—565），东罗马帝国皇帝（527—565在位）。——译者注

托尔肯教授，每周两次。

希腊人的建筑史，赫特教授（Prof. Hirt），每周两次，免费。

美术原理，赫特教授。

关于绘画的艺术，托尔肯教授，每周一次，免费。

语言科学

语言科学通论及其研究方法，罗茨彻博士（Dr. Rotscher），每周四次。

古代、中世纪和近代文学通史，霍托教授（Prof.Hotho），每周五次。

古代希腊（特别是关于政治和司法的行政管理），伯克教授（Prof. Bock），每周五次。

埃斯库罗斯的《阿伽门农》[1]和《奠酒人》[2]，拉赫曼教授（Prof. Lachmann），每周三次。

埃斯库罗斯的《七将攻打底比斯》[3]，兰格博士（Dr. Lange），每周四次。

索福克勒斯的《菲罗克提提斯》（*Philoctetes*）和《安提戈涅》（*Antigone*）（和一种介绍相联系，涉及希腊悲剧的性质和历史），海塞博士（Dr. Heyse），每周四次。

---

① 阿伽门农（Agamemnon），又译亚加米农，是希腊迈锡尼国王，曾发动特洛伊战争，为希腊联军统帅。可参见陈中梅翻译的版本（译林出版社出版）。——译者注

② 可参见外语教学与研究出版社出版的《奠酒人》（*The Choephori*）。——译者注

③《七将攻打底比斯》（*The Seven against Thebes*），底比斯是希腊古城。——译者注

阿里斯托芬[①]的《云》[②]，罗茨彻博士，每周两次，免费。

亚里士多德的《尼各马可伦理学》[③]（和亚里士多德哲学导论相联系进行总体的解释），米什莱特博士（Dr. Michelet），每周两次。

修西底德[④]，巴克教授（Prof. Bekker），每周两次。

拉丁语和希腊语的实际练习，由巴克教授指导。

拉丁语的风格，朱姆特教授（Prof. Zumpt），每周四次。

关于卡图卢斯[⑤]以及古罗马一般的抒情诗（通过卡图卢斯的诗选来解释），海塞博士，每周两次。

西塞罗[⑥]批判维雷斯[⑦]的第五卷书稿，朱姆特教授，每周两次，免费。

塔西佗[⑧]的历史，伯克教授，每周四次。

古代巴勒斯坦的地形，里特教授（Prof. Ritter），每周一次，免费。

---

① 阿里斯托芬（Aristophanes，约公元前446—公元前385），古希腊早期喜剧代表性作家。——译者注

② 讽刺喜剧《云》（*Clouds*）以“讽刺苏格拉底”这一主题闻名于世。——译者注

③《尼各马可伦理学》约成书于公元前335至公元前323年间，全书共10卷，132章。——译者注

④ 修西底德（Thucydides，约公元前460—公元前400），古希腊历史学家和文学家，著有《伯罗奔尼撒战争史》。——译者注

⑤ 卡图卢斯（Catullus，约公元前87—公元前54），古罗马诗人。——译者注

⑥ 西塞罗（Cicero，公元前106—公元前43），古罗马著名政治家、演说家和法学家。——译者注

⑦ 维雷斯（Verres，公元前120—公元前43），古罗马的一位地方行政官。他在任西西里岛（Sicily）总督期间因滥用权力、贪污腐败和管理不当而受到西塞罗的检举。——译者注

⑧ 塔西佗（Tacitus，约55—120），古罗马历史学家。——译者注

希伯来语语法（对约书亚[①]的书进行语法解释），尤勒曼博士（Dr. Uhlemann），每周两次，免费。

《旧约全书》中的注释练习（同时解释希伯来语语法中的难点），贝纳里博士指导，每周三次，免费。

迦勒底语语法（包括迦勒底语《圣经》和其他经书中节选部分的解释），贝纳里博士，每周三次，免费。

叙利亚人讲的近代阿拉伯语的语法基础，亨格斯坦恩伯格教授，每周两次。

阿拉伯人的语法（包括对阿拉伯人的选文集进行解释），威尔肯教授，每周三次。

阿拉伯人中杰出的历史学家和诗人，贝纳里博士，每周四次。

梵语语法，博普教授（Prof. Bopp），每周三次，免费。

《马胡-布拉泰》（*Mahu-Bhurata*）节选，博普教授，每周两次，免费。

波斯语语法，威尔肯教授，每周一次，免费。

古代德国和北部的神话，冯·德·哈根教授（Prof. von der Hagen），每周两次，免费。

关于古代北方的《尼伯龙之歌》[②]，冯·德·哈根教授，每周四次。

中世纪和近代文学史，冯·德·哈根教授，每周四次。

古代和中古时期的高地德语[①]语法，拉赫曼教授，每周五次。

---

① 约书亚（Joshua）是基督教《圣经》中的人物。——译者注

②《尼伯龙之歌》（*Edda-songs of the Nibelungs*），德国著名的民间史诗，记述王子西格夫里特及其妻克里姆希尔特的事迹。——译者注

① 高地德语（High German），原为德意志南部和中部使用的德语，现为标准德语。——译者注

但丁[②]的《炼狱》[③]，施米特教授（Prof. F. W. V. Schmidt），每周两次，免费。

近代诗歌史，施米特教授，每周四次。

关于诗歌和美学中冷嘲和玄想的最新阶段［或者是“关于弗里德里克·冯·施莱格尔（Frederic von Schlegel）的《诺瓦利斯》（*Novalis*）、蒂克（L. Tiek）和索尔格（Solger）的作品”］，霍托教授，每周一次。

但丁的《神曲》（*Divina Comedia*，用意大利语解释），费布鲁西先生（Mr. Fabbrucci），免费。

意大利的作家（人物可以由听课者选择），费布鲁西先生，每周四次。

意大利语语法基础（在极小范围内进行讲解），费布鲁西先生。

莎士比亚[④]，冯·西摩博士（Dr. von Seymour）。

用英语进行非公开的教学，冯·西摩博士。

法国的某些悲剧以及法国悲剧史（用法语讲解），弗朗西森先生（Mr. Franceson）。

法语、西班牙语和意大利语教学（在极小范围内进行），弗朗西森先生。

合唱指挥克莱因（Klein）指挥大学的教会音乐歌唱队，学生可以参加，免费。

击剑和撑物跳跃的教学，费尔米先生（Mr. Felmy）和艾西莱

② 但丁（Dante，1265—1321），意大利著名诗人。——译者注

③《炼狱》是但丁的长诗《神曲》的第二部（第一部是《地狱》，第三部是《天堂》）。——译者注

④ 莎士比亚（William Shakespeare，1564—1616），文艺复兴时期英国著名剧作家。——译者注

恩先生（Mr. Eiselen）。艾西莱恩先生还进行一般的体操教学。

在皇家骑术学校和几所私立骑术学校中进行骑术教学。

公共机构

皇家图书馆每日对学生开放。天文台，植物园，解剖学、动物解剖学和动物学的博物馆，矿物、外科器械和绷带、艺术模型和作品的收藏物等，这些东西在教学中可以使用，学生也可以参观。亨格斯坦恩伯格教授指导神学院学生进行注释练习；基督教会史和教义史的练习由马海内克教授和尼安德教授指导。在语言学的研究班上，伯克教授将听学生解释德摩斯梯尼[1]，并指导学生做其他的练习。拉赫曼教授将听学生解释贺拉斯[2]的颂诗。

① 德摩斯梯尼（Demosthenes，公元前384—公元前322），古希腊演说家。——译者注

② 贺拉斯（Horace，公元前65—公元前8），古罗马诗人。——译者注

附录2

1850年柏林大学的教师和学生人数

教师人数

<table>
<tr><th></th><th>教授人数</th><th>特聘教授人数</th><th>讲师或临时教员人数</th><th>备注</th></tr>
<tr><td>神学</td><td>5</td><td>5</td><td>6</td><td rowspan="4">此外，还有4位教授现代语言的教师。</td></tr>
<tr><td>法学</td><td>9</td><td>4</td><td>5</td></tr>
<tr><td>医学</td><td>12</td><td>7</td><td>18</td></tr>
<tr><td>哲学
包括形而上学、语言学、历史、文物、数学、自然科学。</td><td>36</td><td>28</td><td>30</td></tr>
</table>

学生人数

<table>
<tr><th colspan="2">注册的学生人数</th><th colspan="2">听课但未注册的学生人数</th></tr>
<tr><td>神学</td><td>184</td><td>外科学</td><td>20</td></tr>
<tr><td>法学</td><td>570</td><td>药学</td><td>116</td></tr>
<tr><td>医学</td><td>223</td><td>弗雷德里克·威廉研究所（Frederick William Institute）的学生</td><td>72</td></tr>
<tr><td>哲学</td><td>335</td><td>医学—外科学学院的学生（为军队培养）</td><td>77</td></tr>
<tr><td>合计</td><td>1312</td><td>建筑学院的学生</td><td>229</td></tr>
<tr><td></td><td></td><td>矿业学院的学生</td><td>21</td></tr>
<tr><td></td><td></td><td>艺术学院的学生</td><td>6</td></tr>
<tr><td></td><td></td><td>园艺研究所的学生</td><td>6</td></tr>
<tr><td></td><td></td><td>合计</td><td>547</td></tr>
<tr><td colspan="3">全部学生人数</td><td>1859</td></tr>
</table>

附录3 1850年莱比锡大学的教师人数

教师人数

	教授人数	特聘教授人数	临时教员人数	备注
神学	6	6	2	
法学	6	6	3	
医学	9	8	9	
哲学	21	7	7	

附录4

我们不能完全照搬德国大学的模式①

① 该标题为译者所加。

德国的大学能够被完全接受作为我国大学的模式吗?

作为不加夸张的百科全书，德国的大学提供了高等教育的全部手段——因此这样的大学无疑是能够被接受的。但是在课程和讲座的细目上，德国的大学是不能够被接受的。在德国的大学中，科目的划分很细，这本身也许是有问题的，因为就一个严密的和有秩序的系统而言，这种细分使得各种思想过于碎片化了。但是，就算通过科目细分本身的逻辑性把这种缺陷消除，再加上以下的事实，即同一位教授讲授若干分支学科，以便在他所在的特定学科中使各种思想和一个有机整体之间维持一种适当的联系，德国大学的某些做法还是不能被我们完全接受的。还有，我们现在的学习条件不适应德国人那种把思想细化的做法，并且也许目前难以聘请到足够数量的教授来承担如此多的分支学科的教学任务，同时也不可能支付这么多人的薪酬，因此，即使是最完善的体系，显然也多少需要逐步发展。还有一个事实是，我们目前的需要能够被完全满足，给学习提供一种强有力的刺激，采取基本的和稳当的步骤去达到大学教育的最高等级，同时提供较为有限的教授职位，让人数有限的教授去讲授主要分支学科的知识，而这些教授无疑是合格的。以上所说表明，有一种组织的界限比德国或法国的大学组织更明确，结构也更严密。主要来说，重要的事情是，我们根据正确的原则开始工作，在某种程度上做了一种有效的工作，而让时间和变化的形势去决定我们未来发展的多样性和一些细节。

因此我们建议，在以下两个学部中分配学科（把法学部和医学部留给那些在各自专业上最主要的专家去做决定）:

哲学和科学学部

1. 系统哲学。2. 哲学史。3. 历史哲学。4. 逻辑学。5. 伦理学和基督教的根据。6. 高等数学。7. 天文学。8. 物理学。9. 化学。10. 自然史。

文学和艺术学部

1. 语言学。2. 希腊语言和文学。3. 拉丁语言和文学。4. 东方语言。5. 修辞学和英语文学。6. 近代文学。7. 美术史。8. 设计艺术。

首先，这些学科可以在10至12位教授中间进行分配，并且由讲师协助授课（讲师在优秀的人士中间挑选，他们并不正式接受大学的职位，可以同意在一年中的特定季节里开设课程和讲座）。

译后记

承蒙北京师范大学教育学部特聘教授“长江学者”张斌贤先生的热情邀请，我有幸承担了《大学教育》一书的翻译工作。该书虽然字数不算多，但因为它是19世纪中叶的作品，我们今天想要完全准确地理解其中的内容还是不易的（必须要有欧美教育史的知识）。我在撰写其他书稿的同时，抽空断断续续地总算完成了本书的翻译，其中如有不当之处，敬请读者批评指正。

据我所知，该书的中文版还是第一次问世，这对于研究美国乃至欧洲和世界高等教育的发展都是很有意义的。

最后还要感谢浙江教育出版社的莫晓虹女士和王凤珠女士，北京师范大学教育学部李子江教授等人的帮助。

赵卫平

于浙江大学紫金港校区港湾家园

2018年5月

图书在版编目（CIP）数据

大学教育 / （美）亨利・菲利普・塔潘（Henry Philip Tappan）著；赵卫平译. -- 杭州：浙江教育出版社，2019.12
（新汉译世界高等教育名著丛书. 第一辑）
ISBN 978-7-5536-9878-6

Ⅰ. ①大… Ⅱ. ①亨… ②赵… Ⅲ. ①高等教育—研究 Ⅳ. ①G64

中国版本图书馆CIP数据核字（2020）第012275号

责任编辑 余理阳　　美术编辑 韩 波
责任校对 余晓克　　责任印务 陈 沁

新汉译世界高等教育名著丛书（第一辑）
XIN HANYI SHIJIE GAODENG JIAOYU MINGZHU CONGSHU

大学教育
DAXUEJIAOYU

[美]亨利·菲利普·塔潘 著 赵卫平 译 李子江 张斌贤 校

出版发行 浙江教育出版社
（杭州市天目山路40号 电话：0571-85170300-80928）
图文制作 杭州兴邦电子印务有限公司
印　　刷 浙江新华数码印务有限公司
开　　本 710mm×1000mm 1/16
印　　张 8
插　　页 2
字　　数 107 500
版　　次 2019年12月第1版
印　　次 2019年12月第1次印刷
标准书号 ISBN 978-7-5536-9878-6
定　　价 26.00元